日本比較法研究所翻訳叢書
73

法にとらわれる政治
政権交代、コアビタシオン、そして憲法院

ルイ・ファヴォルー 著
植野妙実子 監訳

La politique saisie par le droit
alternances, cohabitation et conseil constitutionnel

Louis FAVOREU

LA POLITIQUE SAISIE PAR LE DROIT
alternances, cohabitation et conseil constitutionnel

Louis FAVOREU

Copyright © Ed. ÉCONOMICA, 1988
Tous droits de reproduction, de traduction, d'adaptation et d'exécution
réservés pour tous les pays.
Japanese language translation rights arranged with
Éditions Économica, Paris through Tuttle-Mori Agency, Inc., Tokyo

装幀　道吉　剛

1990年 中央大学日本比較法研究所学術シンポジウムの際の著者(左)と監訳者(右)

監訳者 はしがき

　ここにルイ・ファヴォルー Louis FAVOREU 教授が 1988 年にまとめた『法にとらわれる政治——政権交代、コアビタシオン、そして憲法院 La politique saisie par le droit — alternances, cohabitation et conseil constitutionnel』（Economica, 1988）の翻訳を出版することができ、大変うれしく思う。

　この翻訳は私にとって長い間の懸案事項であった。1986 年から 1987 年にかけて中央大学の協定校であったフランスのエックス・マルセイユ第三大学（現在は統合されてエックス・マルセイユ大学となっている）において、ファヴォルー教授の下で、在外研究期間をすごした。ファヴォルー教授やルイ・デュブイ Louis DUBOUIS 教授のすすめでかずかずの学会に出席し、発表も担当させていただいて、私としては研究生活において大変充実した日々をすごした。帰国後数年して、ファヴォルー教授の著したクセジュシリーズの 1 冊である『憲法裁判所 Les Cours constitutionnelles』（PUF, 1986）の版権をえることができ、私の指導教授である清水睦先生の指導の下で訳しはじめたとき、ファヴォルー教授から「まちがって版権を二重にわたしてしまった。あちらの方が大分進んでいるようなので、あちらの翻訳を認めたい」という謝罪の連絡があった。それが、山元一慶應義塾大学教授によって出版された『憲法裁判所』（敬文堂、1999 年）である。そのときに私が「『憲法裁判所』の翻訳がかなわないなら、何か他の本は」とうかがったときにファヴォルー教授が示したのが、この本であった。

　本書は政権交代や保革共存のときに憲法院 Conseil constitutionnel が自らの方向性を見定めた、すなわち憲法裁判所としての性格を明確にすることになる経緯を示した本である。当時憲法院に対しては、政治的機関であるという批判が強かったが、この時期の憲法院のあり方を通して、憲法院は憲法裁判所としての地歩を固めた。現在でもしばしばこの本の重要性は指摘されている。ファヴォルー教授から指示をいただいたあと時間がとれず、結局今日にいたってしまったが、この翻訳をすることの意義は失われていないと確信している。

2014年、ファヴォルー教授の没後10周年を迎え、9月4日、エックス・マルセイユ大学で盛大な式典が行なわれた。その際、ファヴォルー教授の業績をまとめた『憲法と憲法裁判所 *La Constitution et son juge*』（Economica, 2014）も出版された。あらためて憲法裁判に対する実証的かつ比較法的アプローチが確認され、フランスの憲法学史上におけるその足跡の偉大さに感服する。本書は彼の業績のいわば原点ともいえるものである。不十分な理解や訳がこなれていない点などあるかもしれないが、文中に訳注を入れ、文末には解説も加えて理解を促すようにした。この翻訳が少しでもフランス憲法研究に役立てればうれしく思う。なお、前半の翻訳は兼頭ゆみ子が担当、後半の翻訳は植野妙実子が担当し、全体を植野がみて訳を統一し、必要なところに訳注を入れた。訳注は［　］で示したが、何をさしているのかわかりにくいところにも［　］で内容を示し、また判決番号を［　］で示したところもある。第2部第2章の判決文には、便宜上、判決理由番号をつけた。また原文の注の表記を統一のために直した。判決番号索引も植野の方で作成した。

　なお、ファヴォルー教授には私のフランスでの博士論文準備のご指導もいただき、さまざまなご助言もいただいた。ファヴォルー教授のご存命中には博士論文を仕上げることはできなかったが、その後2006年にティエリー・ルノーThierry RENOUX教授の下で博士論文を完成させることができ、2010年にはフランスで出版することもできた。これも偏にファヴォルー教授のご存命中のご指導と暖かい励ましの賜物であり、ここに厚く御礼を申し述べたいと思う。

　出版に際しては、日本比較法研究所のスタッフの方々に大変お世話になった。成果を辛抱強くまっていただき、本当に感謝している。また中央大学出版部諸氏のご協力、ご支援もいただいた。このことに対しても最後にお礼を申し述べておきたい。

2015年11月

植野　妙実子

目　　次

監訳者 はしがき　*i*

略語表　*iv*

はしがき　*1*

第1部　単純な政権交代期　*5*

第1章　憲法院によって「調整された」政権交代　*9*

　はじめに　*11*

　Ⅰ　憲法院は政権交代の障害であるのか　*16*

　Ⅱ　政権交代の保証者としての憲法院　*26*

第2章　政権交代期における公権力と憲法院　*39*

　Ⅰ　憲法院と共和国大統領（1981年-1986年）　*40*

　Ⅱ　憲法院と議会（1984年8月-1985年8月）　*56*

第2部　コアビタシオンとなる政権交代期　*73*

第1章　憲法院によって「枠づけられる」コアビタシオン　*77*

　Ⅰ　コアビタシオンと法と政治の新しい関係　*80*

　Ⅱ　コアビタシオンと政治制度の重要な要素としての憲法院の確立　*109*

第2章　コアビタシオン期における憲法院と公権力　*125*

　Ⅰ　コントロールされない大統領　*127*

　Ⅱ　コントロールされる議会　*135*

まとめにかえて　*159*

監訳者　解説　*161*

判決番号索引　*183*

略 語 表

A. F. D. I.	Annuaire français de droit international
A. J. D. A.	Actualité juridique : Droit administratif
D.	Recueil Dalloz
G. D.	Les grandes décisions du Conseil constitutionnel （本文中、Les grandes décisions と表記している場合もある。）
J. O.	Journal officiel de la République Française (Lois et décrets)
R. D. P.	Revue du droit public
R. J. C.	Recueil de jurisprudence constitutionnelle
R. F. D. A.	Revue française de droit administratif
R. F. D. C.	Revue française de droit constitutionnel
R. F. S. P.	Revue française de science politique
Rec.	Recueil
A. F. C.	Association française des constitutionnalistes
C. C.	Conseil constitutionnel
C. E.	Conseil d'Etat

はしがき

　ここ数年、とりわけこの1年、政治状況を真に理解するためには、政治状況の基礎となる正確な法的状況を明らかにする必要がでてきている。しかし、ほとんどの場合、こうした法的な状況が考慮されていないか、あるいはあやまって理解されている。そのため、政治状況に関する主張や解説が、全く現実に即しておらず、さらに真の問題も明らかにされていない。

　コアビタシオン cohabitation［訳注：政権内での保革共存状態、大統領を支持する多数派と首相を支持する議会内多数派が異なる状態をいう］となって1年がたつが、そこで明らかとなった機関の妨害が意味するところは、明らかに誤解されている。一般的には、議会が立法に関する諸権限を奪われている、そして、政府が憲法49条3項の手続を用いること［訳注：法律案の表決に関して政府の責任をかける制度］がその権限を奪う一因となっているといわれている。しかし実際におきているのは、その逆である。つまり、規範形成を調整するメカニズムの作用によって、逆に、議会の立法権限は大幅に強化されているのである（68頁及び102頁参照）。このような発展がみられるために、政府は、もともと憲法から付与されている規範形成権限（34条及び38条）［訳注：法律及び法律の領域に属する措置を一定期間定めるオルドナンスについての権限をさす］——固有の権限としてか委任という形をとる権限としてかにかかわらず——をもはや用いることができなくなった。しかしそれでも、かなり妨害を受けて、成立の難しい法律という方法を用いて自らの改革案を通さなければならない。つまり政府は、自らの改革案を成立させるため、ときには49条3項の助けを借りてでも法律案を強制的に通過させる必要がある。したがって、本書（107頁）で示すように、提起されている問題は、規範形成過程の妨害を引き起こすまでになっている議会の立法権限の逸脱［すなわち越権］の問題なのである（1986年から1987年にかけて約50の法律が採択された。通常は1年で100ほどが採択される。しかし、アメリカや他国では数百もの法律が採択されている）。つまり、問

題は、執行権に有利に働く立法府の「権限低下」ではない。この異常現象は──政権交代の第1期にもすでにみられたが──、コアビタシオンのときに頂点に達している。それは、規範形成に作用を及ぼすさまざまなアクターの一つである大統領がもはや本来の役割を果せないでいるためである。

　本書の意図は、1958年から実施された制度の論理及び規範形成の論理に照らせば、憲法49条3項をくりかえし用いたり、型にはまった38条のオルドナンスの手段に頼ったりすることが通常の手続であると示すことにあるのではない。そうではなく、本書の意図は、次のことを明らかにするところにある。すなわち、1958年以降に生じた規範形成過程の「修正」あるいは「方向転換」は、この問題の与件を大幅にかえたこと、そして、この問題を、単純な観点、さらに過度に単純化した観点から、とりわけ右派・左派、両派による実践を対比する形で提起することができないことである。事実、私が強調する規範形成過程の「修正あるいは方向転換」という現象は、右派・左派の分裂と関係なく存在する。なぜなら、どのような政治色の政府であっても、諸改革に関する採択をすることあるいは単に日常的な問題の対処に必要な法文の採択をすることさえ多くの困難に直面しており、今後ますますそうなるだろうからである。議会の立法機能をたてなおすには、政府が有し、かつ左派政権の次に右派政権が濫用することになった例外的な規範形成手段を無力化する、あるいはこれを削除することが必要であり、またそれで十分なのであるが、それによって反論の余地のないようにみえる主張や単純明快にみえる分析を疑うことが重要である。現実はそれほど単純ではない。全くもって驚くことに我々は、識者である医者たちが、「病人」が卒倒寸前の状態でむしろ瀉血が必要であるというのに、強壮剤を処方するのをみる。この立法機関が「過熱」状態にあるというのに、人々は、さらにこれに負荷をかけようとするだけでなく、この「過熱」状態を減じる可能性のある手段や手法を取り去ろうとしている。問題は、49条3項や38条を用いることが正常か異常かではなく、これらの手段がなぜ用いられるかである。それには二つの理由があると考えている。一つは、唯一の手段となってしまった議会での立法という手段がますます停滞しているからである。

もう一つは、この議会での立法という手段に関わる装備が、規範の大量な「交通量 traffic」に耐えられない不適合なものだからである。つまり、立法手続が重々しく煩雑なために、行動をさしひかえさせたり、手続を遅れさせたりといったあらゆる政治的策動から立法手続はすぐに影響を受けるようになった。そのため、このような状況に適応できないのである。これに比べると、例えばイタリアの「委員会法 lois de commission」やこれに類する諸外国の手続では、規範形成の流れははるかにたやすく処理されている。この点について比較法的研究があれば、議会の立法権限の強化が必要であり、また法律案修正権を強化して議員を法律の生成に一層関与させる必要があると主張する人々の言葉がいかに非現実的であるかを確実に明らかにしたことだろう。このような主張は、（反対派にいる人々が使う、状況に応じて変化する）政治的な議論か、または実定法と関連のない非現実的な議論である。

　この理由の二番目の推測が正しいとしても、この場合、法と政治との新たな関係に全く注意が払われていない。本書に収められた諸論文[1]の目的は、法と政治の新たな関係というこの現象を強調するところにあり、そして、今日では、法的な与件を考慮することがなければ政治的現実を真に理解することができないと、憲法学者や政治学者を説得する試みに他ならないものである。

　法と政治の新たな関係は、政権交代の第1期――あるいはコアビタシオン以前の単純な政権交代期ともいいうるが――の際に明らかとなった。この時期、左派政権は、憲法院が介入することで変革の「調整」や「認証」がなされることに気づいた。そして、議会と大統領は、議員による申立てが活発に行なわれたことで、政治の駆け引きに新しい関与者、つまり憲法院が登場してくることを知ったのである。

　この傾向はさらに、コアビタシオンを伴う政権交代期に強まった。この時期、政治的駆け引きを行なうアクター、中でも首相と大統領は、各々が援用しうる法

---

[1]　ここに、雑誌プーヴォワール *Pouvoirs* とフランスの政治学誌 *Revue française de science politique* に掲載された論文の出版を許可してくださったフランス大学出版 PUF と国立政治学財団 FNSP の出版部に心から謝意を表する。

的メカニズムを最大限に駆使するにいたり、このことが憲法院の審査とその判例を発展させた。憲法判例を調べ、それを理解しなければ、もはや政治状況を真に研究することはできなくなった。もっとも、憲法判例を考慮しない場合がほとんどなのだが。政治の現実についての単なる制度的分析や事実に基づく分析、これらと、判例という要素にも必要な考慮を払った分析との間には今日では大きな差があるのだが、このことは、どのようにしたら認められるのであろうか。確かに、すべてを憲法院の判例で説明できるという主張は馬鹿げている。しかし、よく行なわれるように、憲法院の判例を全く考慮しないのもまた馬鹿げている。さらに、諸外国、とりわけ近隣の欧州諸国でおこっていることをみれば、この愚かさは一層明らかになる。コアビタシオンの時期に示されたように、ある状況においては「法が政治を維持する」のであって、これを否定するのは現実的でない。

　法的な制度やメカニズムが不変であり、今日でも第五共和制の初頭と同じように憲法を分析し評釈できる、と考えることも非現実的である。

　状況は、（制度に関わる）実践や憲法判例の影響により大きく変化した。例えば、法律と命令の権限の配分は、もはや1958年当時と同じではないし、法律の定義も変化している。立法委任の手続［訳注：本来は立法権に属する措置を政府がとるために、国会が立法権を委任すること］は政府にとって、もはや第五共和制の初期と同じような政府にとっての利益を有してはいない。一般的な方法で、憲法の注釈的な分析から、規範形成過程を述べることはもはやできない。今日では、憲法の判例上の解釈は徐々に変化し、憲法の一部ともなっているが、この憲法の判例上の解釈を広く考慮する必要がある。

　行政法学においてはコンセイユ・デタ Conseil d'Etat の判例を参照せずにあれこれの問題を論じることはできない。これと同様に今日の憲法学や政治学においても、ほとんどの問題を憲法院の見解を考慮せずに研究することはできない。憲法裁判に対する関心は、いわゆる流行りの現れではなく、フランスの法制度や政治制度を変化させつつある、より深い現象の現れなのである。本書のねらいは、こうした現象の発展に対する読者の注意を喚起し、読者の考察の糧となるような具体的な諸要素を提示することに他ならない。

第1部

単純な政権交代期

政権交代の第 1 期（1981 年 5 月から 1986 年 3 月まで）では、一方では、政府、国民議会［下院］の多数派、大統領からなる多数派のブロックと、他方では、国民議会の少数派、セナ Sénat［上院、元老院と訳されることもある］の多数派からなる反対派のブロックが対峙していた。この状況は、政権交代の第 2 期［コアビタシオンの期間］に比べれば相対的に単純であった。というのも、第 1 期において憲法院は、政権交代における諸改革の調整者であったが、ほとんどの識者の見解によれば、はじめて担ったこの役割を憲法院はうまく果していたからである。

第 1 章では、まず、一般的に、憲法院がどのように自らの役割を認識し、それを果してきたのか、そして憲法院の関与がもたらす影響について、シンポジウムやセミナーの際に発表した内容を述べ、次に、第 2 章では、公権力、すなわちとりわけ大統領や議会と、憲法院との間の具体的な関係をとりあげる。

第1章　憲法院によって「調整された」政権交代

　憲法院は「政権交代のブレーキ」であったのだろうか。政権が交代してからはじめの頃はおそらくそう考えられていたであろう。なぜなら、憲法院は、多数派の一部や報道から相当激しく批判されていたし、明らかに憲法院の判決が政府を悩ませていた。

　しかし、結局のところ、憲法院は「政権交代の保証者」となった。憲法院は、政権交代に伴う変化が急激になりすぎないようにその動きを調整した。同時に、反対派に諸改革の合憲性を検証させるための手段を与えながら、この変革の真正さを認証していった。*

　以下の分析的考察は、比較法の多くの事例に広く裏づけられており、今日では一般的に認められている。とりわけ、憲法裁判所の審査により制約を受けていた人々（つまり当時の多数派）に政権交代の第2期が到来してからは、（彼らが今度は反対派となったために）憲法院の審査が一つの保証として作用した。このことが、本稿の分析から認められる。この点については、アメリカの政治学学界から本稿の分析に対し対照的な見解が寄せられている。批判的な評価としては次のものを参照されたい。John KEELER, Confrontations juridico-politiques : le Conseil constitutionnel face au gouvernement socialiste comparé à la Cour suprême face au New Deal, *Pouvoirs,* n° 5, 1985, pp. 133-168. この論文の完成版は次に収められている。KEELER (John T. S.) and STONE (Alec), Judicial political confronation in Mitterrand's France : the emergence of the constitutional Council as a major actor in the policy-making process, in Stanley Hoffman and George Ross (editors), *The Mitterrand experiment : continuity and change in socialist France* (New York, Oxford, 1987), chapter 9. 本稿の分析に賛同するも

---

　*　以下の論文は、憲法25周年シンポジウムにおける発表内容であり、次に掲載されたものである。*Revue française de science politique (R.F.S.P),* n° 4-5 (août-octobre), 1984, pp. 1002-1029.

のとしては、次のものを参照されたい。MORTON (Frederick L.), Judicial review in France : a comparative analysis, *American Journal of comparative law*, vol. 36, n°. 1 (Winter, 1988), pp. 89-110.

はじめに

　フランス第五共和制においてはじめて、いわゆる政権交代、つまり、根本規範の政治的・法的再定義をもたらすこととなる多数派の完全な交代がみられた。この政権交代において、憲法院は非常に重要な役割を果した。もっとも、憲法院が果した役割は十分に強調されてこなかったが、憲法院が判決を下し、それらが分析されるにつれておそらく次第に認識されることになるであろう。実際、1981 年 5 月 10 日以降、憲法裁判所は約 40 件の判決[1]を下した。確かに議会による大量の立法活動を考えれば、この数は著しく多いわけではない。しかしながら、これらの判決はすでに、容易に察することのできる重要性や影響力が確かに備わっている。

　これまで専門家たちは、憲法院の及ぼす作用に期待してきたが、多数派がいれかわる際に憲法裁判機関 juridiction constitutionnelle がどのような役割を果すのかについては疑問があった。1981 年 1 月にセナで行なわれたシンポジウムにおいては、1981 年 5 月の大統領選挙後に生じうるさまざまなシナリオに対し、憲法院の態度や判例がどのようなものになるのかについて、我々専門家は発表を求められた[2]。

　左派が政権につくというシナリオに対し、多くの者が、争いの危機をはらむという意味で憲法院の関与について問題を提起した。事実、反対派による憲法院への申立てによってここ数年で蓄積された憲法院判例は、政権につく左派にとって、最も大胆な改革の障害となりかねないものであった。例えば、かつての憲法院評定官であり左翼急進党の中心人物でもあるフランソワ・リュシェール François LUCHAIRE は、基本的自由の分野で憲法院判決が下された初期の

---

1) 憲法院判例の概要については次を参照。Louis FAVOREU, Le droit constitutionnel jurisprudentiel en 1981-82, *Revue du droit public et de la science politique en France et à l'étranger (R.D.P.)*, n° 2, 1983, pp. 333-400.

2) Xe Forum des libertés, Sénat, janvier 1981.

頃から、この問題について述べていた[3]。

　「左翼急進党はそうではないが、集産主義者や国家干渉主義者となりそうな政治団体の連合が進む頃には、憲法院判決の発展から導き出される個人主義や自由主義の観念が確立される、批判的な人々はおそらくこのようにいうだろう。そうなった場合、そもそも『議会に向けられた大砲』である憲法院が、共同政府綱領 Programme commun de gouvernement［訳注：1972年に左派（特に社会党と共産党）が結束し作成した政策綱領］に対して、所有権や個人を保護する地雷原となるのであろうか」。

　憲法院は、多数派陣営か反対派陣営かのどちらかに必ず仕分けられる政治作用を及ぼすアクターであり、特定の多数派あるいは反対派とともに陣営をかえるものと思われていた。このように、実際、総じて政治家たちは、憲法裁判所の活動に関してほとんど知識がなく、したがって、政治改革が行なわれる際にこのような機関がどのような役割を果すのかについて想像することができなかったのである。

　事実は、「敵対行為」がおきたのは、1981年秋だけであった。というのも、政権交代の第1期においては、議会の立法活動はすでに膨大な量となっていたが、憲法院が決定的な形でこれに干渉する必要はなかったからである。しかしながら、憲法院は1981年6月11日の時点で理論上は非常に重要だが実際はたいした影響力を及ぼすものではなかった判決を下している。このフランソワ・デルマス François DELMAS 判決［81-1ELEC］[4]において憲法院は、総選挙の実施に関するデクレ Décret［訳注：一般的もしくは個別的内容を有する執行力をもつ決定］に対する訴えを認める管轄権が自らにあると宣言したが、実体において憲法違反はないとして訴えを却下した。

---

3) F. LUCHAIRE, Le Conseil constitutionnel et la protection des droits et libertés des citoyens, *Mélanges WALINE*, Paris, LGDJ, 1974, vol. 2, p. 573.

4) Note à la *R.D.P.*, 1981, p. 1347.

1981年秋、複数の憲法院判決——自由ラジオ放送、高等教育、海外領土、財政法律に関する——が下されたが、どれも激しい世論をかきたてるようなものではなかった。

　1981年10月中旬、国有化に関する政府提出法律案が審議にかかるやいなや、激しい論争がおきた。憲法院の審査に対し激しい議論が具体的にあらわれたのは、この国有化の問題をめぐってであった。この論争は1982年1月から2月にかけて最も激化する。周知の通り、国有化法に関する憲法院判決は1月16日土曜日の午後遅くに下された[5]。翌17日の日曜日には、——以前に憲法院が無効としたため必要となっていた——4件の補欠選挙が行なわれたが、4件すべての選挙で第1回投票から反対派が勝利した。まさにこのときに論争は激化し、非難も高まり、2月11日に下された国有化に関する第二の憲法院判決 [82-139DC] のときまでこの状態は続いた[6]。そして、その後沈静化したのである。

　7年の大統領在任期間における第二の大改革である分権化については、2月25日に、二つの憲法院判決[7]が下されたが、これらはたいした反響を引き起こさなかった。その理由は、ガストン・デフェール Gaston DEFFERRE の発議により可決された二つの法律、つまり、分権化の原則を定めた一般法とコルシカの地位に関する特別法を、議員らは憲法院に申し立てたが、あまり問題とされなかったからである。これらの二つの判決について憲法院はともに、訴えを却下した。但し、一般法に関する判決は留保付き違憲宣言を含むものであり、このことが後にいくつかの問題を提起することになった。

　その後、1982年6月、7月から同年秋にかけて複数の憲法院判決が下された

---

5) Décision n° 81-132 DC du 16 janvier 1982. この判決に関する原告の申請書 requêtes、趣意書 mémoires、意見書 consultations は、判例評釈 notes や注釈 commentaires とともに以下に掲載されている。*Nationalisations et Constitution*, Paris, Economica et Aix-en-Provence, Presses universitaires d'Aix-Marseille, 1982.

6) *Ibid.*

7) Décisions n° 82-137DC et n° 82-138 DC du 25 février 1982, *Les grandes décisions du Conseil constitutionnel*, 3e éd., Paris, Sirey, 1984, n° 39, p. 563.

が、専門家の間の限られた輪の外にまで反響を及ぼしたのは、次に列挙するその中のいくつかにすぎなかった。1982 年 10 月 22 日判決［82-144DC］では、ストライキ行為を原因とする損害賠償の要求を禁止することは不当だと宣言された。このような禁止は、裁判の平等原則に反すると判断されたからである。1982 年 11 月 18 日判決［82-146DC］では、市町村議会選挙に性別によるクオータ制を導入する規定が違憲とされた。1982 年 12 月 2 日判決［82-147DC］では、海外県に地方自治体改革を適用させる法律全体を無効とした。これら三つの判決はそれぞれ、第一の判決についてはストライキ権に対する侵害だとして、第二の判決は女性に有利なかたちで（政治的）均衡を回復することを目的とする「積極的差別」を認めなかったとして、第三の判決は海外県の自治主義の強化を遮ったとして、報道と政権にある左派の一部からは批判された。憲法裁判に対する批判においては「裁判官政治 gouvernement des juges」という言葉も使われていたが、しかしながら、この年の初頭の批判に比べれば明らかに控えめであった。

1983 年にはちょっとした小休止があった。確かに、この年の 7 月に重要な三つの判決——そのうちの一つである公共部門の民主化に関する判決［83-162DC］は異例なほど長かった——が下されたが、それらはあまり関心を引かなかった。しかし、1983 年 12 月末に下された判決（私立学校教員及び税務捜査について）及び 1984 年 1 月末の判決（高等教育及び地方公務員について）は、多少、反憲法裁判の火を再燃させた。

1981 年 5 月、6 月から 1984 年 1 月にかけて、通常法律に関して憲法院への申立てが 52 件なされ、そのうちの 36 件について判決が下された[8]。これら 52 件の申立てのうち、50 件は議員グループから、他 2 件はセナ議長からなされている。議員グループによる申立てはすべて反対派議員によって署名されていたが、1981 年 5 月以前は多数派の中の数人も 3 件の申立てに署名していた。申立てのペースが速くなったことがうかがえる。実際、申立ての頻度は 2 倍ほ

---

8) その他に、組織法律と議院規則の合憲性審査に関する判決や憲法 37 条 2 項に基づく判決が下されたが、これらに寄せられた関心は限定的であった。

ど増えていた。1974年10月から1981年5月までの77カ月間では、62件の議員申立てに対し44件の判決が下された。1年あたり判決6件である。これに対し、1981年5月から1984年1月までの33カ月間では50件の申立てがあり、36件の判決が下された。1年あたり14件以上の判決が下されている。

　この数字にデルマス判決［81-1ELEC］（前出）とベルナールBERNARD判決［82-2ELEC］[9)]を加えると、政権交代後の岐路において合計約40件もの判決が下されているのである。したがって、これらの判決が、法的な観点のみならず、政治的――よく見落とされる観点であるが――にも影響を及ぼしていることは間違いないといえる。

　しかし、これらの判決は否定的な影響を及ぼしたのか、それとも、肯定的な影響を及ぼしたのか。この点については次のことを指摘することができる。すなわち、ある程度において憲法院は、政権交代に対する障害とはいわないまでもこれを抑制するものと考えられていた。しかし結局、その考えとは反対に、憲法院の活動は政権交代の実現を可能にしたものと分析されなければならない。つまり、憲法院は、いわば政権交代の保証者であったのである。そして、非常に逆説的なことに、第五共和制の制度の中で最も評価が低かったこの機関［憲法院］によって、他の諸機関が難しい局面をのりきることができたのである。

---

9) Décision n°82-2 ELEC des 16 et 20 avril 1982, *Rec.* 109 ; *D.* 1982, p. 489, note LUCHAIRE; in *R.D.P.*, n°2, 1983, p. 349, obs. FAVOREU.

I　憲法院は政権交代の障害であるのか

　1981年秋の議会会期において直ちに明らかになったことは、議会及び政府の多数派に加え、おそらくは一部の報道も、憲法院が政権交代とそれに伴う諸変革を抑制し、妨害となるかもしれないと考えていたことである。そして当時、あるときは憲法院の存在が、またあるときはその権限が、何度も脅かされることとなった。事実、1981年から1982年にかけての冬には、憲法院さらには憲法裁判そのものが、確実に問題視された。そのような中で、憲法院の判決もしくは活動が、大統領7年任期の初期になされたいくつかの大改革にブレーキをかけているとみなされたのである。

A　憲法院と憲法裁判に対する批判

　この非常に重要な論争において、憲法裁判の存在そのものに対し政界の人々がとった態度を理解するには、まず、過去に遡ることが適切であろう。

　1　歴史上、フランスは常に、あらゆる法律の合憲性審査を認めない憲法制度をとってきた。その理由は、伝統的な公法が法律を「神聖視」していたからだけでなく、そのような審査は最も保守的な党派が要求するものだと考えられていたからでもある。後者の理由はおそらく、いくつかの著作の影響があり、また、アメリカの経験、とりわけニューディール政策期のルーズヴェルト大統領と連邦最高裁判所との間の衝突をみたからであろう。この時期の憲法裁判の創設の提案はすべて、右派政党から出されていた。

　第二次世界大戦中のドイツ占領軍からのフランス解放の際、人民共和派は、イタリアやドイツにならって、アメリカ型ではなく、イタリアやドイツで設立されようとしていたヨーロッパ型の憲法裁判機関の設置を求めた。しかし、よく知られているように、多数派を形成していた他の二大政党、すなわち社会党と共産党の反対にあい、結局設置されたのは憲法裁判機関のまがい物でしかな

かった。また、1958年においては、憲法草案の起草者たちは、憲法院を創設したのだが、それを合理化された議会主義 parlementarisme rationalisé の一要素としかみていなかった[10]。

　憲法院が設置されてから最初の10年間、憲法院が実際に行使していたのは、もともと定められていた諸権限、すなわち、主に、法律事項と命令事項それぞれの画定の監視、選挙争訟、組織法律と議院規則の合憲性の確認であった。しかしこの間においてもすでに、機会があれば、憲法院は、法律事項に関する、さらには自由の保護にも関する非常に興味深い判決を示し、確立している。しかしながら、憲法院が、立法府に対立して基本的自由を保護する判決を発展させるのは、特に1970年代からである。はじめはセナ議長の申立てに基づいて、その後は議員の申立てに基づいて、そのような判決は下された。実際、当時反対派であった左派が「小手先の改革 réformette」と痛烈に批判した1974年の憲法改正［訳注：憲法院への申立て権者を、それまでの大統領、首相、上下両院議長に加えて、60名の国民議会議員、60名のセナ議員にも認めた］によ り[11]、法律の合憲性審査は、まず社会党議員が、それから共産党議員が多用することとなった憲法院への申立てによって、極めて急速に発展したのである。さらに同時に、第四共和制までは法律の合憲性審査に強く反対していた左派政党が、第五共和制の初頭からは、憲法院の経験を超える「真の」憲法裁判機関の創設を望み、今日では彼らの政府綱領にその意思が明確に示されている。現実には、左派政党の態度がこのように変化した理由は次のようである。第三共和制下においては、多数派は非常に不安定であまり脅威とはならなかったが、今日の第五共和制下においては、議会と政府の多数派は固く団結し大変安定している。そのため、政権と対立する反対派には、この多数派の決定に異議を申し立てる手段が必要となったからである。

　もっとも、左派に主張の転換を促したのは、ヨーロッパ近隣諸国（イタリア、

---

10)　Louis FAVOREU, Le Conseil constitutionnel régulateur de l'activité normative des pouvoirs publics, *R.D.P.*, n° 1, 1967, p. 5.

11)　Voir notre chronique, *R.D.P.*, n° 1, 1975, p. 165.

ドイツ［本書においては、東西ドイツに分かれた以降の「ドイツ」の表記は西ドイツをさす］あるいはオーストリア）における憲法裁判の経験から得た知見ではなかった。それどころか、実際、フランスの政界の人々は、多くの学者と同様に、これらの諸国の経験に無関心であった。むしろフランスでは、アメリカの制度を模倣する、あるいはそれをまちがったやり方でまねるという伝統がある。この時期に、反対派である左派からも多数派からも提出された憲法的法律案［憲法改正案］は、専らアメリカの制度についての知識だけがあったことが示されている。ただし、それはかなり限られた知識であった。というのも、人々はぜひともフランスにアメリカの最高裁判所制度を導入したいと考えていたが、実際にはドイツ型あるいはイタリア型の憲法裁判所の設置が提案されていたからであった。つまり、アメリカ型を参照してはいるが、現実には、無自覚のうちに採用しようとしていたのはヨーロッパ型であったのである[12]。

2 このようにして、左派は、反対派であった時期に法律の合憲性審査という考えを支持するようになった。しかし、左派がひとたび政権につくとどのようなことがおきたのであろうか。

事実、国有化法事件の当初から、社会党と共産党は、政権につく前の主張とはかなり異なることをいいはじめていた。

共産党議員と数人の社会党下院議員は、1981 年 5 月 10 日と 6 月 14 日、21 日に、人民が意思を表明し、こうした多数派の意思は、国民議会での社会党と共産党の連合が可決した法律によって表現されているのだから、これらの法律がいかなるものであろうとも妨害されることなど許されないと考えていた。かくして、国有化法判決［81-132DC］について共産党は、この判決は普通選挙

---

12) 1981 年 2 月 19 日から 21 日にエクサン・プロヴァンスで行なわれたシンポジウムの報告を参照のこと。La protection des droits fondamentaux par les juridictions constitutionnelles en Europe, *Revue internationale de droit comparé*, 1981, p. 255. このシンポジウムについては次にも収録されている。*Cours constitutionnelles et droits fondamentaux*, Paris, Economica, 1982, préface d'André TUNC.

で表明された「フランス人の意思に反するものである」と主張した[13]。また、社会党下院議員アンドレ・レニエル André LAIGNEL は「あなた方は法的に間違っている。それはあなた方が政治的に少数派だからだ」と明言し、有名になった。この言葉は、多数派であるからには、いかなる司法機関の制約も受けず、自らが望むことを行なうことができることを意味していた。同じ意味で、社会党第一書記は、国有化法判決以前においても、「最高裁判所がどのようなものであれ、それによって改革の大きな流れが、阻まれ続けることは断じてない」と表明していた[14]。このように、法律は新たな多数派によって可決されるのだから、それに異議を唱えることは認められないと主張することで、合憲性審査の原理そのものを問題視したのである。

さらに、反対派であったときの左派の態度と政権についたときのそれとの相違についても、次のように正当化された、もしくは正当化の試みがみられた。すなわち、1981 年 5 月、6 月の投票で生じた多数派は、これと入れかわった前の多数派とは、いわば別の性格もしくは別の本質をもつものである、と主張したのである。その後この論題はそれほどとりあげられなかったが、議会審議のときにはとりあげられている。しかしながら、結局、立法府の統制の原理そのものに異議を唱え続けた者はほとんどいないことが、後にわかるであろう。

3 論争となったのは、特に憲法院そのものとその構成員［憲法院評定官］の構成についてであった。1982 年 1 月 16 日の国有化法判決以前にも、多数派政党や、さらには国民議会議長のようなフランス共和国の公的な要人が、憲法院に対して脅威を与え威嚇しようとしていた。反対派の方もまた以前から、反対派を正しいと認めるのが憲法院の義務だと考えていたため、憲法院の示す臆病な態度を非難していた。

とりわけ、この高等裁判所［憲法院］の評定官の構成が攻撃された。すなわ

---

13) 公共部門拡張担当大臣ル・ガレック Le GARREC に対する共産党グループ代表の声明。*Le Monde*, 20 janvier 1982, p. 8.
14) Lionel JOSPIN, 21 octobre 1981.

ち、憲法院が高齢すぎる構成員や専門的能力が認められない構成員で構成されている点が非難されたのである。また、憲法院構成員の政治的帰属についても言及され、この点は特に激しく批判された。旧反対派は多数派となり、憲法院が彼らの主張を認めていたときの相手の不満を忘れてしまって、彼らが政権につくと今度は憲法院の判決や審査と衝突し、辛辣なやり方で非難を繰り返した。憲法院が以前の多数派の代表者が指名した評定官で構成され、以前の多数派に有利でしかないとも訴えた。しかし、これは、正当化するもののない根拠なき主張であった。憲法院に対するこれらの攻撃はそもそも極めて論争的な性格を有していた。とりわけリベラシオン紙 *Libération* が用いた呼称、憲法院を「パレ・ロワイヤルのギャング」[15]と評したのだが、ときには許容しがたい表現で非難されもした。そこで、数人の憲法院評定官、特にガストン・モネルヴィル Gaston MONNERVILLE（セナの元議長）やジョルジュ・ヴデル Georges VEDEL（元大学法学部長）が、憲法院への批判に対してはじめて紙上で反駁した。憲法院院長のロジェ・フレイ Roger FREY は、国民議会の審議の際に社会党議員から個人的に批判されたが、彼は大統領に自らの心情を訴え、国家元首である大統領は公的には憲法院を擁護する立場をとった[16]。

　当時、憲法裁判所により提起された問題を解決するため、措置を講じることが、何度も問題となった。憲法院を「最高裁判所」に置きかえて廃止することを主張する者、あるいは他の機関に置きかえることを考えずに、単に憲法院を廃止することを主張する者までいた。例えば、ある共産党幹部は、憲法院に関して「その役割、権限、構成が問題となっている。これは将来に向けて提起された問題である」と述べている[17]。他には、憲法院の存在は問題とせず、その構成を見直す、あるいは単に選任の早さの見直しを望んだ者もいた。この最後の提案には、憲法院を改善しようとする願望よりも、できるだけ早く憲法院の審査を確保しようとする意図が示されていた。実際は、ほとんどの改革案や改

---

15)　*Libération,* 8 janvier 1982.
16)　*Le Monde,* 5 novembre 1981.
17)　P. HERZOG, *Le Monde,* 19 janvier 1982, p. 11.

革の示唆はむしろ憲法院を脅迫し、威圧するための策動であって、判決を下す憲法院に圧力をかけるために、判決後に、国有化プロセスを遅らせたり、妨害したりすることに対して、憲法院に政治的責任を負わせるためになされたのである。

　これらの脅迫や威圧は、憲法院という機関の憲法上の地位という壁にぶつかった。つまり、憲法院の存在、権限、構成に関わる改革案はすべて憲法改正を必要としたからである。しかし、多数派の現状から、周知の通り、憲法改正という通常の手段をとることはできなかった。確かに憲法11条の手段［訳注：国民投票による法律の採択］を使うことができたかもしれないが、ジャック・ロベール Jacques ROBERT が強調したように、社会党政府にとってこの手段は「少しばかり厄介なもの」[18]であった。結局、権力側が憲法院の存在を甘受するしかなく、それが政府のとった行動であった。

　しかしながら、憲法院の判決と反対派による憲法院への申立ては、次に述べるように、明らかに、多数派による政府綱領の遂行を妨げた。

B　明らかに政府と多数派の妨げとなった憲法院の諸判決

　憲法院判決が政府と多数派の妨げとなったのは、とりわけ大統領7年任期の初期の二大改革、つまり国有化改革と分権化改革についてであった。知られているように、実際、政府と大統領は、任期はじめに可能なことでも後になればできなくなるかもしれないと考えて、これらの大きな構造改革の速やかな採択を強く望んだ。すなわち、多数派は、最も適した時期にできるかぎり速やかに行動し、必要な法文を成立させようと考えていた。しかし、憲法裁判所の介入が、確実に改革の進行速度を遅らせ、さらに、根本的な変革となるさまざまな措置の提案や採択を妨げた。

　まず、国有化改革に関しては、政府は、1982年1月16日の憲法院判決［81-132DC］により苦境に陥った。これには二つの理由がある。すでに述べたよう

---

18)　*Le Monde,* 8 décembre 1981.

にこの判決が4件の補欠選挙の前日に下され、これらの選挙では第1回投票から反対派が勝利した。この反対派の勝利は、憲法院における政府の「敗訴」と相まって、世論に確実に影響を及ぼした。これが第一の理由である。もう一つは、憲法院は国有化法のいくつかの規定のみを違憲と宣言していたが、これらの規定は性質上、他の諸規定と分離することはできないと述べていたことである。これにより、憲法院は国有化法全体への審署を妨げた。したがって、国有化法の中で違憲とされたのはわずかな規定にすぎなかったものの、結果として、その法律の適用は不可能となり、憲法院判決を考慮して、両議院での手続をやり直さなければならなかったのである。モーロワ内閣［訳注：1981年から1984年までの社会党のピエール・モーロワ Pierre MAUROY を首相とする内閣］はこのとき、国民議会の社会党会派から激しく批判されたため、1982年2月、新しい法律案を採択するために憲法49条3項の手続を用いるしかなかった。1982年1月16日［81-132DC］と同年2月11日［82-139DC］の憲法院判決により、政府のなそうとすること opération への対価は明らかに増大した。結局、政府への信頼は、国有化法の適用が遅れたことで傷がついたと考えられる。というのも、この法律が最終的に施行されたのは、1982年2月末であったからである。

　第二の大改革である分権化に関しては、状況は少し異なっていた。憲法裁判所は実際、国有化の件とは異なり、法律の審署を妨げなかった。1982年2月初頭に国民議会で最終的に可決された法律案に対する申立てを受けて、憲法院は2月25日［82-137DC］、いくつかの規定を違憲と宣言したが、これらの規定が法律全体と不可分であるとはいわなかった。そのため、3月2日、県議会議員選挙の数日前に、政府は法律に審署することができた。内務大臣ガストン・デフェールはこのことに満足の意をあらわした。コルシカの地位に関する法律については、憲法院は違憲を受け入れなかったため［82-138DC］、この法律も同様に審署されている。しかしながら、このような外観とは異なって、1982年2月25日の諸判決、とりわけその最初の判決は、改革プロセスにいくらかの混乱をもたらした。なぜなら、憲法院は、国家代表［すなわち知事］が

地方行政機関の諸行為に対する行政統制権の行使の諸条件を定める諸規定を違憲としたが、これに対し政府は、違憲と判断された諸規定を単に削除することで、憲法院判決を考慮した、あるいは解釈したことになると信じていたからである。

しかし実際は、大統領は議会に法律案を再提出すべきであった。憲法が権限を与えているように第二読会に提出する、あるいは完全な審議、つまり、国有化法のときのように法律案全体をあらためてはじめから両議院の審議に付すという手段をとるべきであったのである。違憲とされた諸規定を削除した法律は、それ自体では適用が困難であった。これに気がついた内務大臣は、その法律の適用を可能にするための通達を出した。はじめて、法律の空白を埋めるために通達が使われた。さらに、春の議会会期に反対派のセナ議員が1982年3月2日法を補完する法律案を提出した。政府はそのような法律案が必要であることを明確に認め、それを審議に付すことを承諾した。結局、補完法と呼ばれたこの新法が1982年7月22日に可決され、事実上、3月2日法の一部を修正した。この法律は確かに不可欠であった。というのも、政府が憲法院判決を解釈した方法では、緩和化する、さらには削除することが望まれていた行政統制制度を逆に一層厳格にしてしまっていたからである。つまり、以前であれば一定の地方行政機関の行為は行政統制を免除されていたのに、今度はすべての行為を国家代表に必ず伝達しなくてはならなくなっていたからである。このように、明らかな欠陥、矛盾が生じていた。再検討するか書きかえるかされるべきだとして、一部削除されただけで審署されたこの法律の悪影響に対し、地方議員たちは抗議をしていた。

実際、政府がその新法の適用をそれほどまでに急いだのは、それが可決されることを非常に長い間待っていたからであった。つまり、分権化法は1981年7月に着手されていたものの、法律が公布されたのはようやく1982年3月初旬であった。このように長い時間がかかった理由の一つは、国有化法の場合と同じように、セナでも国民議会でも反対派議員が憲法院への申立てという脅迫を用いて、司法秩序についての異議や妨害を多用したからである。結果とし

て、憲法院は、これら二つの大改革のために、特に分権化のために、決定的な態度をとらずに間接的にではあったが、立法過程の発展あるいは進歩をより難しくしたのである。

　他方で憲法裁判所は、分権化に関する最初の法律についての判決で、地方公共団体改革を補完するその後の他の法律を採択するための枠組みを定めていた。つまり、憲法院は、最初の法律からの逸脱や違反を認めることもできる政府と多数派に対し、いわば、守るべき道筋をつけたのである。1982年12月2日の判決［82-147DC］はこれに関わるものである。政府は、県議会もしくは州議会とみなされるような単一の議会を海外県に設置する複数の法律案を提出していたが、憲法院はこれらに反対した[19]。また、地方公務員法（1984年1月20日法）のいくつかの規定を違憲とした。このように憲法院は、改革を「一定の方向に誘導 canalisé」したのである。

　最後に、確かなことは、憲法院が存在していたために、政府は徹底した改革を断念したことである。左派は反対派であったときに、分権化を目的とした法律案を提出していた。その当時の法律案には、1981年から1982年にかけて最終的に採択された措置よりもさらに徹底した措置が定められていた。もっとも、これらの徹底した改革には憲法改正が想定されていたであろう。しかし、両議院で憲法改正に必要な多数を形成することができずに、政府はこれらの措置を断念せざるをえなかった。政府は改革案を通常法律の形で通すこともできたであろうが、憲法院に申し立てられる可能性があった。このように、憲法院への申立てが、政府に諸改革の提案を思いとどまらせたのである。

　一般的にいえるのは、憲法院が存在することで、反対派による憲法院への申立てという脅威があるために、明らかに、政府綱領や大統領の公約を実施するすべての法律に対し、政府及び議会多数派の自己規制がみられたことである。ほとんどの重要法律案に対して両議院の反対派がそれぞれ非常に多くの不受理の異議申立てを、すなわち違憲であることの異議を提起することになるので、

19）　*R.D.P.*, n°2, 1983, p. 377 et notre note［注1)参照］; *Actualité juridique,* 1983, p. 120, note LUCHAIRE.

そのような自己規制が行なわれることになった。

　しかしながら、留意すべきは、憲法院が、1981年6月に政府が着手した改革プロセスを決して止めたわけではなく、諸改革の実現を妨害したことは一度もなかったことである。憲法院がその拒否権を行使することがないまま、多くの法文は可決されている。つまり、憲法院を政権交代や変革のブレーキとみなす考えは、相対化されなければならない。現実に憲法院の行動は、政権交代の障害というよりは、これに対する保証として作用したのである。

II 政権交代の保証者としての憲法院

　憲法院は、まず、いわば変革の流れを誘導し、改革を調整することで政権交代を可能にした。さらに、憲法院は、判決によって、新しい多数派の講じる政策に真正である、適法であるという証明を与えた。要するに、新しい多数派の立法は一種のフィルターにかけられたのである。しかし、ほとんどの規定は、一度このようなフィルターにかけられ、審署によって確定的な法的効力が付与されると、その結果（少なくとも合憲性に関しては）もはやこれらに異議を申し立てることはできなくなる。

A　変革の調整

　今日でもまだ、左派の改革に憲法院の干渉とその判決が及ぼした影響を正確に推しはかることはできない。しかし、今の時点ですでにいくつかの事実を指摘することができる。

　1　まず、憲法院が、完全に「転轍手 aiguilleur」としての役割を果したことである。憲法院は、実際に重要な岐路において、改革を目指す変化の波を、命令の道、通常法律の道、組織法律の道、または憲法改正の道へと誘導した。憲法院は、おそらく諸外国の憲法裁判所以上に、そして立法に関する意思決定過程の上流に位置しているがゆえに、この「転轍手」あるいは調整者としての役割を果すことができた。

　「ダブル・アクションの審査 contrôle à double détente」[20]と我々が呼ぶものは、とりわけ分権化法事件と国有化法事件において作用したものであるが、これが、憲法裁判所にこうした調整を確立する機会を与えた。このように、憲法に定められているさまざまな規範形成に関する権限 compétence は、法律の起

---

20)　Voir nos deux chroniques sur les nationalisations et la décentralisation, *R.D.P.*, n° 2 (pp. 377-420) et n° 5 (pp. 1259-1289), 1982.

草段階から尊重された。フランスで実行されている予防的な合憲性審査［すなわち事前審査］がどのように評価されるとしても[21]、疑いもなくこの点に、フランス型の審査の十分な有効性が認められる。この有効性については、変革の認証との関連で後に再度とりあげる。

　2　憲法院がなす転轍手の役割は、議会の活動、つまり両議院において法律がねりあげられる諸条件に重大な影響を及ぼした。すでに指摘したように、政府は、いわば自己規制を働かせて、違憲判決を生じさせるおそれのあるすべてのものを法律案から取り除くように配慮した。これについて政府は、コンセイユ・デタの諮問的機能という手段に助けられたといわなければならない。すなわち知られているように、憲法39条2項に基づき、コンセイユ・デタは政府提出法律案に意見を述べるからである。コンセイユ・デタは何度も、いくつかの法律案の合憲性に留保を付したようである。コンセイユ・デタと憲法院の考え方に相違があったのも事実であり、とりわけ国有化法についてはそうであった。そのため、国有化される企業の株主に対する補償の条件に関して、モーロワ内閣は、結局違憲判決を下されているが、それは、コンセイユ・デタの意見にしたがったからであった[22]。

　1981年5月以前にもすでに顕在化していた議会審議の裁判化傾向juridicisationは、それ以降著しく強まった。というのも、今では反対派議員が、ほぼ毎

---

21) これについては、次の、ニューヨーク大学のバート・ヌーボーンの、アメリカ連邦最高裁判所と憲法院の判例に関するはじめての比較法研究が興味をもって読まれるだろう。その中でアメリカ人の著者は、次のように述べている。すなわち、憲法院は、実体的司法審査 substantial judicial review において権力分立の観点からは行なわないアメリカ連邦最高裁判所よりも、最終的には「権力分立」の観点からの統制によって基本権の保護に成功していることに、多くのフランス人読者は驚くであろう、と。Burt NEUBORNE, Judicial review and separation of powers in France and the United States, *New York University Law Review,* 57(3), 1982, pp. 363-442.

22) Voir, Louis FAVOREU, Les décisions du Conseil constitutionnel dans l'affaire des nationalisations, précité, *R.D.P,* n° 2, 1982, p. 411.

回、政府提出法律案の合憲性を問題とするからである。国土開発計画大臣ミシェル・ロカール Michel ROCARD が計画化の改革を発表した際には、国民議会の反対派と社会党会派の大部分との間でかなり奇妙な連携がみられたが、この連携は、この政府提出法律案に対して反対派が主張した違憲の議論によって、ある意味乱された。また、政府が改革を実行する手段としてはじめは命令を選択していたが、議員たちが憲法院への申立てを巧みに使って、政府に法律案を提出させたこともあった。これは、在外フランス人高等評議会 Conseil supérieur des Français de l'étranger の構成員を選出する条件の改正に関しておこった。この評議会は、在外フランス人の代表となる数人のセナ議員の指名に関わる機関であった。同高等評議会構成員の申立てに基づき下された 1982 年 4 月 16‐20 日の判決［82-2ELEC］において、憲法院は、申立ての棄却を決定したが、その判決理由によって、政府は実際、批判されたデクレの文言をとり入れた法律案の提出を強いられた[23]。

議会審議では次のような進め方が、ますます多くみられるようになった。まず、国民議会あるいはセナの反対派が、提出された法律案は違憲であるとの理由で不受理の異議申立てを行なう、その結果に満足を得られなかった彼らは次に、議会多数派が拒否したその不受理の異議申立てを憲法院に申し立てるのである。本当のところは、社会党と共産党が反対派であったときに彼らが実践したものであり、それが新しい議会慣行として定着していった。

3　規範形成過程の進行に憲法院が及ぼした影響は、実際、特に間接的な形であらわれた。すなわち、新しい多数派の自発的な、あるいはそうするように仕向けられた結果の自己規制としてあらわれたのである。憲法院は、この時期、非常に慎重な態度を示し、真の対立が生じたのは国有化法事件のときだけであった。

憲法院が下した約 40 件もの判決を総括すると、次のことがわかる。無効判

---

23) Décision n°82-2 ELEC des 16-20 avril 1982, BERNARD *D.*, 1982, p. 489, note LUCHAIRE, *R.D.P.*, 1983, pp. 349 et 370, chronique FAVOREU.

決 des annulations ou d'invalidations の数は限られていた。しかも、国有化法判決を除き、これらの判決はおそらく政治的にはあまり重要でなかった。憲法裁判所はまぎれもなく政治的状況を考慮したのであり、さらにこのことが憲法院判決の判決理由 motivation に変化をもたらした。この点は確認を要するが、憲法裁判所が具体的な憲法法文（現行憲法、人権宣言、第四共和制憲法前文）を参照するか、判決にこれらを関連づけることがますます多くなり、共和国の諸法律によって承認された基本的諸原理を用いることは少なくなったようにみえる[24]。

憲法院は、判決が法的に sur la plan juridiaue ［裁判における判決という点で］議論の余地のないものでなければならないと考えていた。この点からは、いくつかの判決の判決理由が長く、その構成に配慮が払われていることに気づくであろう。例えば、国有化法に関する諸判決には確実にこのことがあてはまる。しかし、より詳細に分析するならば、他の判決にも同様のことがあてはまる。また、議員らが提出する申立書の内容にも同様の変化があることに気づく。申立書も法的な性質を帯びるとともに長くなっていることがますます明らかとなっている。今日の申立書はまさに裁判の趣意書のようであり、ときには法学部教授から事前に重要な助言をえた上で提出される。このことに関連して、国有化法事件については、すべての関連文書、意見書、趣意書、多様な当事者によるその他の文書を我々が書籍にまとめたので、それを参照されたい[25]。

4 また、憲法院が判決のあり方をかえたことで、変革の流れを容易にさせたことも指摘できる。

例えば、法律の無効を形式的にいいわたすのではなく、事実上それを無効とするという、ドイツの憲法裁判所がよく使う手法を、憲法院は用いた。かつて

---

24) しかし、憲法裁判所は、第三共和制の主要な法文 grands textes に依拠する場合、これらの諸原理を用いた（行政行為の適法化に関する1980年7月22日判決、大学教員の独立に関する1984年1月20日判決を参照）。

25) *Nationalisations et Constitution, op. cit.* ［注5) 参照］。

1979年1月17日判決[26]で行なったように法律を無効にするのではなく、これとよく似た状況にあった計画化改革の判決[27]において憲法院は、当該法律のすべての法的効果を奪う方法を選んだ。

　価格凍結事件[28]において憲法裁判所は、命令としての性質を有する規定が法律に含まれていても、今後は違憲とはしないとする重要な判決を下した。これにより、反対派は、攻撃したそれぞれの法律の無効を勝ちとることができるほぼ確実な方法を奪われた。他方、政府にとっては、この判決がなければほぼ一貫して妨害されるか、さもなければ阻止されていた諸改革を容易に成立させることができた。

　結局、政府とその多数派が望んだ政策のほとんどが、左派政権の成立から3年の間に採択された。そして、憲法院はそこで諸政策の妨害をしたのではなく、すでに述べたように転轍手の役割を果したことが明らかとなった。反対派はしばしば、多くの立法による改革が憲法院によって違憲とされないことを悔やんだ。しかし、現実に問題となっていたのは、フランスの憲法規範に明確性がないことであった。ドイツ、イタリア、スペイン、さらにはアメリカの憲法と異なり、フランスの憲法には個人に適用可能な規定はほんのわずかしかない。確かに憲法院は、人権宣言が合憲性ブロックに含まれると明確に述べ、これを確立したが、それでも十分ではなかった。この重要な点については後にも言及する。今日、反対派の側からは、もし憲法規範がより明確であれば、憲法上のいくつかの制度や原則が今よりもよく保護されるだろうとする。反面、あまり明確には定められていない憲法であるがゆえに、おそらく、多数派にとって相対的に満足のいく状況の中で政権交代を行なうことができたともいえる。

---

26) Décision n° 78-101 DC du 17 janvier 1979, *Rec.*, 23 ; *R.D.P.*, 1979, p. 1689.

27) Décision n °82-142 DC du 27 juillet 1982, *Rec.* 52 ; *R.D.P.*, 1983, p. 345 et nos observations.

28) Décision n° 82-143 DC du 30 juillet 1982, *Rec.* 57 ; *R.D.P.*, 1983, p. 350.

B 変革の認証

　憲法院は、変革の憲法適合性を証明し、採択された措置に法的な保証 caution を付与した。新しい多数派の改革が、憲法が定めた範囲の中にとどまっていることを示すことで、憲法院は改革を認めさせることに貢献したのである。

　1　まず、憲法裁判所は、立法府を含むすべての権力に対する憲法の優位性を決定的に確立したと、私は考えている。

　憲法の優位性は、フランスでは1982年においてもなお絶対的に明白なこととはいえなかった。フランスの法制度においてはコンセイユ・デタが、長い間、上位規範の尊重を行政に課し、合法性の原則による支配 règne を確立してきた。しかし、立法府に対してはそうではない。それは、法律を議論の余地のない存在とみなすフランス法の伝統と主権的議会 Parlement souverain によっていた。この状況は、1958年の第五共和制憲法によって確かに問題にされていたが、1981年5月10日から今日までに示されたように、かなりの抵抗がこれまでにもあったし、今でもある。すでに述べたように[29]憲法院に対する評価の論争の後でも、多数派の法的な推論の中には、立法府の憲法への従属を明言することに躊躇がみられる。

　例えば、国有化法事件において一方では法務大臣[30]、他方では社会党会派が趣意書において、憲法34条に基づき立法府には国有化に関する主権的権限が与えられていると主張した。これに対し憲法院は非常に冷静に、次のように問題の要点を示した。

　　「憲法34条が、企業の国有化と公共部門の企業の民間部門への移転を『法律事項』と位置づけているとしても、当該規定は、所有制度の基本原

---

29)　19-20頁を参照。
30)　Voir, Louis FAVOREU, Décentralisation et constitution, précité, *R.D.P.*, n°5, 1982, p. 1259.

則の決定を法律に委ねる規定と同様に、立法府が権限を行使する際に、憲法的価値を有する諸原則と諸規範を尊重しないことまでは認めてはいない。このことは、すべての国家機関に課せられる。このことに鑑みて」。

いかなる状況においても立法府は憲法規範に従うべきであるとの明言は、分権化法に関する1982年2月25日判決［82-137DC］[31)]においても、次のような確固とした表現で繰り返されている。

「合法性の原則は、立法府の権限の尊重と同時に上位の法規範の尊重も求めている。上位の法規範として、フランス人民が採択した憲法は、共和国の不可分性を宣言し、領土の一体化を確認し、公権力の組織について定めている。このことに鑑みて、
　すでに引用した憲法72条の諸規定から、法律が地方公共団体の自由行政の諸条件を定めうるとしても、それは、当該法律が本条3項に定める国家の特権を尊重するという留保の下で認められる結果となる。このことに鑑みて」。
［訳注：当時の72条3項は「県及び海外領土においては、政府代表は、全国的な利益、行政の統制及び法律の尊重に関する義務を負う」と定めていた。］

したがって、立法府の意思は、憲法規範を尊重する場合にのみ、正当にかつ有効に行使される。このことが、選挙で生じるすべての多数派に対し、明確に確立された。しかも、この憲法規範に対する尊重はすべての状況に及ぶ。立法府には、憲法規範を尊重せずに自由に判断できる事項はない。そこで、立法府に権限が認められた事項に関して、措置の妥当性を立法府が最終的に判断することができるかどうかが問題となる。これについて憲法院は、立法府にはいく

---

31) Cf. les déclarations de M. BADINTER devant l'Assemblée nationale (*Journal Officiel, Débats, Assemblée nationale*, 14 octobre 1981, p. 1733).

つかの改革や規定を定める上で裁量権限があると述べている。例えば、国有化法事件に関しては、憲法裁判所は次のように判示している。立法府は、国有化の「必要性」を決定する完全な権限をもっており、その評価については、憲法院は審査できない。但し、評価の明白な過誤 erreur manifeste d'appréciation がある場合は除かれる、と。

「憲法院の審査に付された国有化に関する法律が定める国有化の必要性について、立法府が行なった評価は、明白な過誤がないかぎり、憲法院により否認されない。それは、現に行なわれている財産や企業の移転が、先に引用した1789年人権宣言の諸規定を侵害するにいたるほど、私的財産権及び企業活動の自由の領域を制限するとは立証されていないからである。このことに鑑みて」。

憲法院はすでに大変重要な二つの判決、すなわち人工妊娠中絶に関する1975年1月15日判決［74-54DC］[32]と安全と自由に関する1981年1月19-20日判決［80-137DC］[33]において、憲法院には「議会の権限と同一の」評価や決定の一般的な権限がないことを強調していた。さらに、安全と自由に関する判決では「憲法院の評価を立法府の評価に置きかえる」権限は憲法院にはないとも判示していた。

コンセイユ・デタの判例の中の行政審査に適用される専門用語や論証が見受けられるが、憲法院は、議会の権限の限界及び自らの権限の限界を同時に明確に定義した。すなわち、議会は自らが講じる措置の評価については憲法院に審査されることはないが、その措置の合憲性、もしくは憲法への適合性を検証することが問題となる場合はその審査に服するのである[34]。

32) Cf. *Les grandes décisions du Conseil constitutionnel, op. cit.*, p. 295.
33) *Ibid.*, p. 486.
34) この点について次の論文を参照のこと。Alain BOCKEL, Le pouvoir discrétionnaire du législateur, in *Itinéraires. Etudes en l'honneur de Léo Hamon*, Paris, Econo-

2　一定の躊躇はあったが、結局、新しい政権は、憲法の優越性を尊重させることで、憲法上の諸原則への立法府の従属と同時に憲法院の既判力を受け入れた。

まず、憲法院判決はすべての機関を拘束すると定める憲法62条に完全な効力を認め、公権力は厳格かつ厳密に憲法院判決を適用した。

かくして、1982年2月25日の諸判決［82-137DC, 82-138DC］の後、政府はしぶしぶではあったが、憲法院判決にしたがった。当時、国民議会の立法委員会の委員長（社会党）は次のように表明した。「私は、憲法院の権威を完全に認めており、議会はそれに服さなければならないと考えている。我々は間違っていた。憲法院と対立するのではなく、このことをしっかりと明記しておくべきである。新たな国民議会の立法委員会は大量の法文を検討してきたが、それに比べれば、これらの法文を違憲と判断した憲法院判決はほとんどない」[35]。また、政府内の重要な役割を担っている、国務大臣兼内務大臣のガストン・デフェールは、1982年5月6日の国民議会の審議において次のように明確に述べた。「私は、憲法院判決に抵抗する者でもそれを批判する者でもない。憲法院判決は最高の権限をもつ機関によって下されている。私の義務であり唯一の権利は、その判決を適用することである」。デフェールは続けて、判決を忠実に解釈するために憲法院と連絡をとっていると述べた。

一方で、憲法改正（これは現在の政治状況ではおこりえないが）なしに憲法院問題を論じることはできない。他方で、いずれにせよ憲法院が行なう法律の審査は、対象となった法律に付与される一種の合憲性の認証となり、それ以後、これらの法律にはいかなる法的な異議も及ばなくなる。このことを統治者たちはよく理解していた。

明らかに憲法院にはこのような鎮静化機能がある。政府を支える多数派と国家元首を支える多数派が異なるときにもこの機能は作用した。例えば、中絶法に関する法的論争は、1975年1月15日判決［74-54DC］が下されるとすぐに

---

mica, 1982, p. 43 s.

35)　*Le Monde*, 28 février-1er mars 1982, p. 7.

鎮静化した。また同様に、欧州議会選挙に直接普通選挙を導入するとした国家元首の決定が発表された後に生じた激しい論争は、憲法院が1976年12月30日に判決 ［76-71DC］[36)] を下すと終息した。

他方で、それは場合によっては憲法院の審査を経た後であるが、法律が一度審署されれば、それは確実に適用される。フランスには事後的に法律の違憲を訴える制度がないため ［訳注：この制度は2008年7月の憲法改正によって導入された］、法律が再び裁判所で問題となる可能性はない。政府はこのことを認識していた。

明白にこのことは、政権交代を容易なものにした。というのも、すでに憲法への適合性審査の対象となった変革や改革は、もはや違憲の疑いはなくなり、適用を拒否すべき理由もなくなるからである。また、このことは、憲法違反がなかったこと、そして、憲法上のいくつかの制約や制限が尊重されたことを意味したため、反対派やそれに同調する人々を安心させた。

*

憲法院の将来はどのようになるのだろうか。

第一に指摘しうるのは、憲法院が難関をのりきったということである。多くの論者は、憲法院という船は変革の荒波に沈むだろうと予想していたが、この高等大法廷 Haute assemblée ［訳注：憲法院のことをさすが、コンセイユ・デタの大法廷の呼び方に倣ったものと思われる］が、どのような方法によっても侵害されなかったことを認めなければならない。しかもそれだけではなく、逆に、脅威にさらされたにもかかわらず、自ら下すべきと信じた判決を下し、その判決が公権力により厳格に適用されたという点において、憲法院の基盤が強化されたことも認めざるをえない。確かに、憲法院判例は、人々のいくらかの苛立ちを惹起することもあったが、それはもっともなことである。例えば

---

36) Cf. *Les grandes décisions du Conseil constitutionnel, op. cit.*, p. 339.

1958年におこったことと比べれば、こうした苛立ちあるいは焦りの理由を容易に理解することができる。この四半世紀にフランスが経験したもう一つの大きな変革［訳注：行政権優位の第五共和制の成立］の当初は、憲法裁判所や合憲性審査がまだ実践されていなかった。そのため、当時の新しい統治者は明らかに、重要な諸改革の実現について今日ほど妨害を受けることはなかった。さらに、1958年10月4日から1959年2月4日までは、多くの改革が憲法92条の認めるオルドナンスの形式で採択されていた［訳注：経過的措置の規定として、第五共和制の制度の実施と、その実施までの公権力の活動に必要な法的措置を、法律の効力を有するオルドナンスという形で定めた］。他方、1981年から1982年にかけて多くの改革を推し進めようとした多数派は、憲法院とコンセイユ・デタの蓄積された判例から生じる上位と下位の双方の制限に直面した。一方では、先にあげたさまざまな判例の結果、法律事項の領域の拡大されてきた定義[37]を考慮すると、ほとんどの改革は法律の方法によってなされなければならなかった。左派も、法律事項の拡大を好ましいと考えていた。他方で、法律の方法で採択された措置は憲法規範の尊重の下におかれたが、それは、それまでの数年間、議員申立てが頻繁に活用されて、合憲性ブロックがかなり充実し、これによって憲法規範の内容が一層豊富になってきたことによる。こうしたことにもかかわらず、また法律の至高性というドグマを完全に捨て去ることへの躊躇があったにもかかわらず、憲法院は、判決を守らせることに成功した。

残された問題は、憲法院がどのように進展していくかである。この点について、1983年春になされた憲法院構成員の任命は、人々に安心を与えるものであった。というのも、大統領は、憲法院院長ロジェ・フレイ Roger FREY の後任として、国際人権連盟 Ligue internationale des droits de l'homme の元委員長ダニエル・メイエ Daniel MAYER を任命し、国民議会議長は評価の高い2人の法律家を（2人目はアシル・ペルティ Achille PERETTI の逝去の後で）任命したか

---

37) *Le Domaine de la loi et du règlement*, Paris, Economica, 1981 (colloque d'Aix-en-Provence).

らである。セナ議長も同様に［法律に明るい者を］任命した。他方で、憲法院構成員の刷新がなされてからの判決も、以前の判例の路線は踏襲されている。

　憲法裁判と法律の合憲性審査は、ここ30年の欧州における憲法学上の重要な出来事の一つであった。他の欧州諸国（オーストリア、ドイツ、イタリア、最近ではスペイン、ギリシャ、ポルトガル）と同様に、フランスでも憲法裁判と法律の合憲性審査が最終的には市民権をえた。今こそ、憲法裁判を政治制度や憲法制度の重要な要素とみなすべきときだといえる。

第2章　政権交代期における公権力と憲法院

　第五共和制においてはじめて、憲法院は左派の大統領と左派の国民議会の多数派に対峙した。憲法院とこの新しい多数派との関係について紛争の危機をはらんだ状況になると予想した者もいたが、実際は、この新しい多数派は憲法院の諸判決の前に屈服した。憲法改正に十分な多数派が形成されなかったため、憲法によってその地位が守られている憲法院は、どのような場合においても改革の対象とはならなかった。こうしたことから、憲法院の憲法裁判機関としての地位は確立していったが、この地位が覆されることはもはやないと思われる。

I　憲法院と共和国大統領（1981 年 – 1986 年）＊

　憲法院と大統領との関係について考察をはじめるにあたり、現在の大統領のミッテランが反対派［野党］であった 1964 年のときに、憲法院について次のように公言したことを想起しないわけにはいかない。彼は、憲法院を「ミュゼ・グレヴァン［蝋人形館］という最高裁判所、滑稽なほど小さい民主主義の小さい守り主、今日これを擁護する者はいない」と述べ、「その役割は権力におもねるために、法を苦しめることである」というマルシラシー MARCILHACY ［訳注：1983 年からは憲法院評定官である］の言葉を引用した[1]。

　この発言は 20 年前のものであり、それ以降、状況は変化している。それに、フランソワ・ミッテランだけが憲法院についてこのように考えていたわけではない。当時は、学界でも政界でも多くの者が、憲法院という機関に対して考慮してはいなかった。憲法院はおそらくはじめて法文が解釈され、判決が下されたときから、ほとんど考慮されていなかったといえよう。実際にはその後、セナ議長による憲法院付託を機に、注目を集めた働きによって、憲法院は自らの独立性を示し、憲法の内容に関する非常に重要な［第一となる］判決を下した[2]。そして、1974 年には重要な第二となる、憲法改正により、議員による申立ての制度が作られた。この制度ができた当初においては、これが法的にも政治的にも重要な影響をもたらすだろうと容易に予想できたはずであったが、そのときはとるに足らない改革とみなされていた[3]。

　ミッテランが大統領となった場合に、大統領が憲法院とどのような関係にな

＊　以下の論文は、1985 年 12 月 6 日から 8 日のセナ主催のシンポジウム「フランソワ・ミッテラン：大統領の権能と諸機関」において発表したものを、後に現状にあうよう書き改め、次に掲載したものである。*Pouvoir,* n° 13, 2ᵉ éd., 1986, p. 211.

1)　F. MITTERRAND, *Le coup d'Etat permanent*, coll. « 10-18 », Paris, 1965, p. 121.
2)　16 juillet 1971, Liberté d'association, *Les grandes décisions du Conseil constitutionnel* (FAVOREU et PHILIP), 3ᵉ éd., 1984, n° 20, p. 222.
3)　Cf. Chronique FAVOREU et PHILIP, *R.D.P.,* 1975, p. 165.

るのかという点について、大統領選挙の前の予想では、両者は対立するだろうと考えられていた。それは、彼が1964年に行なった憲法院批判や、憲法院が総選挙を無効と判断した後の1978年に、彼が「憲法院は、処分されるべき機関である」と話したことが想起されたからである。これらの予想は概して明るいものではなく、大方は、フランソワ・ミッテランが大統領になった暁には、憲法院の余命は短いだろうという結論でしめくくられていた。

現実には、両者の関係はどうなったのであろうか。次の複数の仮説が考えられた。

- 第一は対立説。もっともこれは実現しなかった。
- 第二は競合説。あやうくこれが実現しそうであったし、そうなる可能性があった。
- 第三は両者が均衡し、相互補完的な関係になるという説。現実にはこうなっているように思われるし、これが正しい説のように思われる。

第一説：対立

憲法院は以前の多数派から生じているゆえに［すなわち以前の多数派から任命された構成員で構成されているゆえに］、おそらく以前の多数派に有利な政治的機関として行動するであろう。したがって、憲法院は、法の適用を口実に、新しい多数派や大統領の改革政策に決定的な歯止めをかけてくるだろう。このように、7年の大統領任期［訳注：2000年10月の憲法改正で大統領の任期は5年となる］の当初はいわれていた[4]。

A　憲法院は大統領と対立しなかった

どのようにいわれていたとしても、実際には憲法院は、110の提案の中に含まれる政府綱領の実現において、大統領と対立したことはなかった。確かに憲

---

4) とりわけ次を参照。Serge SUR, Les conséquences des élections, *Universalia*, 1981, p. 275.

法院は、変革を制限はしたが[5]、いくつかの改革を妨げたというよりは修正したのである。そのような改革には、重要なものとして、分権化改革、国有化改革、計画化改革、新聞事業の地位についての改革があげられる。

一般的に、変革の流れはとめられたのではなく、一定の方向に誘導されたといえる。憲法院は遮断の役割をしたのではなく、転轍手の役割を担い、この改革は命令の方法によるべき、また別の改革は通常法律の方法によるべきこと、または組織法律の方法によるべき、または憲法（改正）の方法によるべきこと、というように指示したのである。採択に必要な多数派がえられず、これらの中の特定の方法がとれない場合は、その改革は断念されなければならなかった。しかしその場合でも、改革の断念に対する責任が憲法院に課せられることはなかった。

このように、憲法院は、新しい多数派や大統領が望んだ諸改革を妨害したわけではなかった。

B 大統領は憲法院を「抑える」ことができなかった

大統領はおそらく、たとえ憲法院に反撃しようという意図をもっていたとしても、それが不可能なことをすぐに悟った。

1 憲法裁判所は憲法によりその地位が守られている

通常裁判所の地位は法律と命令の下におかれている。そのため、彼らは、公権力による「報復」あるいは報復の脅威にさらされている（1962年のカナル事件の際のコンセイユ・デタを考えてみるとよい）［訳注：カナル事件とは、コンセイユ・デタが軍事法廷 Cour militaire de justice を設定することについての、国民投票により決定された法律を基礎とする大統領によるオルドナンスを無効とした事件で、これにより、大統領がコンセイユ・デタ改革に着手した］。これに対し、憲法裁判所には憲法上の地位が付与されているため、このようなリス

---

5) Cf. L. FAVOREU, Le Conseil constitutionnel et l'alternance, *R.F.S.P.,* n° 4-5, 1984, p. 1002. 詳細についてはこの論文を参照のこと。

クを被ることはない。

　実際、憲法院の存在、構成及び権能については憲法で定められている。憲法院という機関を侵害するには、唯一憲法改正によるしかない。しかし、憲法改正に必要な多数派とセナの同意がえられなければ、このような憲法改正は不可能であった。さらに、憲法院の地位について補完的に定める憲法以外の規範は、組織法律の形式をとっているが、組織法律は義務的に憲法院自身の審査にかけられる。すなわち、憲法院の地位を修正する方法は断たれていたも同然であり、憲法院の存在に順応していくしかなかったのである。

　したがって、憲法院の役割を小さくする、その構成を変更する、さらには憲法院を「真の最高裁判所 Cour suprême」に変革する——このいつもの、アメリカ型の最高裁判所とヨーロッパ型の憲法裁判所との混同には、問題が理解されていないことが示されているのだが[6]——など、多数派を構成する何人かが1981年から1982年にかけて表明した多くの威嚇的な発言は、「大言壮語 rodomontades」でしかなかった。

　かくして、いかなるときも、いかなる改革によっても憲法院が脅威にさらされることはなかった。

2　多数派が憲法院を掌握することはなかった

　次の表は、1983年にミッテラン大統領が憲法院構成員を1名、国民議会議長メルマズ MERMAZ は2名（そのうちの1名は逝去した構成員の補充として）を任命したことを示している［図表1-1参照］。1986年には、大統領は2人目（ロベール・バダンテール Robert BADINTER）を、国民議会議長はポール・ルガッ

---

[6]　最高裁判所とは、裁判所体系の頂点に位置する裁判機関である。そこからこのように呼ばれている。フランスでは、コンセイユ・デタ、破毀院、憲法院に管轄が分けられている。最高裁判所の典型はアメリカの連邦最高裁判所である。これに対し、憲法裁判所 Cour constitutionnel とは、裁判機構の外に位置づけられる特別な裁判所であり、憲法訴訟の判断を独占している。その典型はドイツやイタリアの憲法裁判所である。一般的には、フランスにおける憲法裁判所の改革案は、憲法訴訟について独占権を与えられた特別な裁判所、つまり憲法裁判所の設置を目的としていた。

図表 1-1　憲法院の構成

	年齢	任期満了年	任命権者	任命権者の任期満了年
1983年の憲法院構成メンバー				
セガラ	74	1986	ジスカール・デスタン	
ヴデル	74	1989	ジスカール・デスタン	
メイエ（院長）	74	1992	ミッテラン	1988年5月
ルガット	68	1986	メルマズ	1986年3月
ジョックス	83	1989	シャバン=デルマス	
マルシラシー	74	1992	メルマズ	1986年3月
グロス(84年10月逝去)	81	1986	ポエール	
シモネ(グロスの後任)	65	1986	ポエール	1986年9月
ルクール	78	1989	ポエール	1986年9月
ジョゾ=マリニェ	74	1992	ポエール	1986年9月
ジスカール・デスタン	58	終身*1		
1986年の憲法院構成メンバー（1986年2月に刷新）				
ヴデル	76	1989	ジスカール・デスタン	
メイエ	76	1992	ミッテラン	1988年5月
バダンテール（院長）	58	1995	ミッテラン	1988年5月
ジョックス	85	1989	シャバン=デルマス	
マルシラシー	76	1992	メルマズ	
ファーブル	70	1995	メルマズ	1986年3月
ルクール	80	1989	ポエール	1986年9月
ジョゾ=マリニェ	76	1992	ポエール	1986年9月
シモネ	67	1995	ポエール	1986年9月
ジスカール・デスタン	60	終身*2		
1989年の憲法院構成メンバーの予想（1989年2月に刷新）				
メイエ	79	1992	ミッテラン	
バダンテール（院長）	61	1995	ミッテラン	
?		1998	?	
マルシラシー	79	1992	メルマズ	
ファーブル	70	1995	メルマズ	
?		1998	?	
ジョゾ=マリニェ	79	1992	ポエール	
シモネ	70	1995	ポエール	
?		1998	?	
ジスカール・デスタン	63	終身*2		
ミッテラン	73	終身*2		

＊1　国民議会議員としての任期期間中は憲法院の裁判官をつとめることができない（1984年11月7日憲法院判決84-983号）。
＊2　議員または大統領としての任期がなければ憲法院の裁判官をつとめることができる。

ト Paul LEGATTE（彼は、引き継いだ前任者ポール・コスト＝フロレ Paul COSTE-FLORET［訳注：実際にはアシル・ペルティ（憲法院 HP で確認）］の任期をおえたにすぎず、例外的に再任も可能であったのだが）にかえてロベール・ファーブル Robert FABRE を任命した。よって 1986 年における憲法院構成員は、合計すると、［現多数派の］ミッテラン大統領と国民議会議長メルマズが任命した 4 名と、［以前の多数派の］両議院議長であるポエール POHER とシャバン＝デルマス CHABAN-DELMAS、大統領ヴァレリー・ジスカール・デスタン Valéry GISCARD D'ESTAING が任命した 5 名がいた。［前大統領である］ジスカール・デスタンは国民議会議員であったため法上の構成員としての資格はもっていたが、憲法院に在籍できなかった[7]。しかしながら、大統領はそれでも、憲法院の多数派を「掌握」していなかった（もしこのことに意味があるとすればであるが）。確かに大統領は、憲法院の新しい院長を任命したが、この任命は法的には憲法関係の事件に何の変化ももたらさなかった。おそらく大統領としてはこの上級裁判所の中に自らの影響力が強くなることを望んでいたと思われる。しかし、政治的権力をもつ者に任命された人物が必ずしもその任命権者の関わる訴訟に肩をもつとはかぎらない。このことは経験上明らかである[8]。

　憲法院において多数派を掌握することは実現しなかった。しかし、いずれにせよ、憲法院は政治的な合議体としてではなく裁判機関として裁定するのであるから、そのようなことを考えること自体がまちがっているのである。

3　憲法 11 条に定める国民投票の分野は拡大されなかった

　1981 年に、憲法院の判決を覆す唯一の手段として想定されていたのは[9]、憲

---

7) 憲法院が 1984 年 11 月 7 日の判決［84-983］でこのように決めている。*A.J.D.A.*, 1985, p. 93, note Martine CLIQUENNOIS ; *R.D.P.* 1986, n° 2, obs. FAVOREU, p. 403.
8) その例として 1985 年夏のニュー・カレドニアの事件がある。
9) 先に引用した SUR の論文を参照［注 4) 参照］。それによれば次のようである。「左派グループが広く国民議会を支配しているとしても、セナにおいて彼らは少数派である。したがって、左派は、憲法院の審査が示す政治的リスクから自らを解放するための憲法改正を企てることはできない。左派がこのリスクを回避するために

法院が扱う問題に関わる事柄を、大統領が国民投票にかけることであった。実際、憲法院には、国民投票により採択された法律を裁定する権限がない。そのため、法律を国民投票で採択することは憲法院が判断を下す可能性のある判決を阻止することにつながった。

この点については、どうしても1984年夏におきたことと結びつけて考えざるをえない。私としては、憲法11条の適用領域を諸自由にまで広げることができるとは思っていない。それは、あいつぐ憲法院判決によって諸自由の主要部分はすでに憲法規範化されており、その結果、それほど重要ではない規定についてしか、国民投票による法律の採択をすることができないからである。15年もしくは20年前であればこの手段を想定することができたが、今日ではもはやそうではない。そのため、諸自由に関する（法律制定の）国民投票に大きな利点はない。国民投票の前に憲法院による法律案審査が定められている場合にはとりわけそうである。

C 大統領と憲法院の対立は生じなかった

大統領と憲法院の対立どころか、大統領は公式声明の中で、憲法院を尊重する配慮を示している。憲法院院長のロジェ・フレイが1981年10月に大統領にあてて書簡を送り、(1981年10月20日の国民議会の審議の際に) 国民議会の社会党議員ミッシェル・ベルソン Michel BERSON が彼に対して行った批判に対し、擁護してくれるように求めた。これに対し、フランソワ・ミッテランは閣議〔大臣会議〕で、憲法院院長が国民議会の審議において批判されたことを遺憾に思うと表明した[10]。確かに大統領はロジェ・フレイを擁護したといえるが、

は、国民投票に直接訴えることを検討するしかない。もっともそれは、憲法制定国民投票 référendum constituant ではなく……法律制定国民投票 référendum législatif を意味する……。人民自身が意思表明をするのであるなら、憲法院はおそらく1962年11月6日［62-20DC］の判決で示したように、国民主権の直接的表現の適法性を評価する権限は自らにはないと宣言することになるだろう」。

10) 1981年11月5日のル・モンド紙 *Le Monde* には次のようにある。「11月4日エリゼ宮で開かれた閣議において、ミッテランは『憲法院構成員は慎重配慮義務及び職

第2章 政権交代期における公権力と憲法院　47

憲法院に対する態度の表明にはなお慎重であった[11]。

　しかし大統領は、特別国家機関 corps constitués ［訳注：国会、政府、コンセイユ・デタ、破毀院について用いる儀礼的表現］が新年の祝辞を述べる伝統的な式典において、その態度を明確にした。1983年1月4日、憲法院院長ロジェ・フレイの祝辞に対し大統領は次のように応えた[12)]。「いまや憲法院は強固なものであり、憲法院判決を私が評価する立場にはない。私は大統領の職務上、そのような評価を差し控えてきたし、これからもそうするだろう。法文の尊重及び民主主義の一定の概念形態の継続という指導指針を維持する法に、憲法院は関わっている。大統領と憲法院との関係について、これまでの1年半、私には特に問題となる点はみあたらなかった。どの法が必然的に課せられるべきかをいいわたすのは、常にあなた方、憲法院の役割である。もっとも、これについては若干のコメントが、国家元首としてのコメントがないわけでもないが」。

　1984年1月3日には、大統領と旧知の間柄で前年に彼が任命した新たな憲法院院長ダニエル・メイエの祝辞に対し、次のようにも述べた[13)]。「ここでこのような状況で再会できたことをとてもうれしく思う。……院長、我々は旧知の間柄であるが、今年はじめのこの機会にあなたは憲法院として祝辞を述べていることを私は十分に理解している。昨年は重要な仕事をなされた。あなた方の肩にかかる気がかりな傾向、あなた方をあらゆる事柄の裁定者にしようとする傾向が強まっている。しかし結局は、あなた方は、最高法規があなた方に託していることと多分あなた方に負担をかけている些末なこととを同時に解明する術をもっている。私にもよくわかるが、それは大変な仕事であり、多大な勤

　　務上の義務に拘束される』と述べ、『彼らは公的な論争に対して態度を表明することはできない』と述べた。大統領はまた『憲法院院長が国民議会の審議において非難されたこと、しかも根拠なくそうされたことは大変遺憾である』とも表明した」。
11) 　J.-M. COLOMBANI et J.-Y. LHOMEAU, *Le Monde*, 6 novembre 1981.
12) 　Source : Base logos de la *Documentation française*, Paris, Serveur Questel-Télésystèmes.
13) 　*Ibid.*

勉さを必要とする。時間をかけてさまざまな権限をもつ者 autorités により選ばれた人々は、その見識、職務能力の高さゆえに選ばれたのである。それゆえ、大統領として［私は］、憲法院構成員の認識を認めるとともに、憲法院の制度や役割も認めている」[14]。

第二説：競合

　憲法の番人である二つの権限が競合することはないのであろうか。憲法5条は国家元首に憲法の尊重を監視する役割 rôle を与えているが、これはもちろん、憲法院の任務でもある。
　ここでは、実現はしなかったが実現したかもしれない仮説を扱う。

A　議会で可決された法律の審査

　大統領は、一方では、可決された法律を審署前に自ら審査する。また他方では、憲法院による法律の審査を提起する。

1　大統領による法律の審査

　これまで大統領は、憲法院判決に合致するように審署の権限を行使してきた。
　しかし、憲法院が法律の一部を違憲として無効としたが、そのような違憲部分を除いて大統領によって審署された法律については［訳注：部分違憲の場合は、違憲とされた条文だけをはずして審署する場合が多い］、いくつかの問題があった。2、3の例において、大統領は審署することができたのかどうか、大統領は議会に法律を再提出し、議会にその法律を完全なものにさせるべきであったのではないかという疑問が示されている。分権化法に関する1982年2月25日判決［82-137DC］もそのような例の一つである。この法律はいくつか

14）　*Ibid.*

の職務の廃止を伴うものであったが、審署され、この法律を解釈するための通達が出された。しかし、この1982年3月2日法を真に適用可能とするには、(セナの反対派議員の発議による)新たな法律[15]の採択が必要であった。この場合、大統領は3月2日法を審署せず、議会に法律案を再提出する方が望ましかったといえる。しかし、憲法院は、無効とした諸規定について法律全体から分離することができないとは宣言しなかったので、国家元首の審署は法的には可能であった[16]。

1985年8月のニュー・カレドニアの制度変更に関する法律についても、1982年判決と同様に、憲法院は無効とした諸規定について分離不可能とは明言しなかった。しかし、大統領はこれには審署せず、再審議請求権を行使して、議会に法律案を再提出している。そしてこれを憲法院は承認した（1985年8月8日［85-196DC］及び8月23日［85-197DC］の判決）。

それまで大統領は、法律が違憲だという理由で再審議請求権を行使したことはなかった。1986年5月の選挙で、多数派の交代があった場合は、大統領はこの手段を用いるかもしれない。しかしその場合は、多数派もしくは首相がその法律の合憲判決をえるために憲法院に申し立てると考えられる。実際、このような目的で憲法院に申し立てることは何ら禁じられていない。例えば、1979年12月にも、憲法院は国民議会議長からの申立てを受理したが、この申立ては、1980年度の財政法律が憲法の定める形式にしたがって可決されたことを憲法院に宣言させることが目的であった[17]。

大統領が法律に審署せず、さらに再審議を請求しない場合にも同じ流れになると想像できる。この場合、憲法院へ申し立てることができる期間は継続することとなり、この審署されていない法律について合憲判決をえることを目的とする申立てを憲法院は受けるかもしれない。このような申立ては、大統領が審署しなかったことを間接的に非難することになる。ドイツの憲法裁判所でも、

---

15) Loi du 22 juillet 1982.
16) Voir nos observations, in *Grandes décisions du Conseil constitutionnel*, 3e éd., n° 39.
17) Voir *Les Grandes décisions du Conseil constitutionnel*, 3e éd., n° 35, pp. 460-461.

法律の憲法適合性審査のこうした機能が認められている[18]。

2 大統領のイニシアティヴによる法律の審査

　大統領はこれまで一度も、憲法61条2項に基づいて法律の合憲性問題を憲法院に付託したことはないが、今日なら、新しい多数派が可決した法律に異議を唱えるためにこの付託手段を用いるかもしれない。

　憲法の番人である大統領が、ある法律を憲法に反すると判断して、その法律について憲法院に付託したと想定してみよう。この場合、憲法院は大統領の考えにしたがうかもしれないが、反対に合憲と判断するかもしれない。そこには、二つの憲法の番人が対立する可能性がある。もっとも、憲法院判決は憲法62条によって、公権力及びすべての機関に課せられることから、最終的には当然、既判力を有する憲法裁判所の判断が優位することになる。これが想定される仮定であるが、大統領は付託権限の行使をためらうであろうから、おそらくこのような対立は生じない。大統領はおそらく、社会党の議員会派に憲法院への申立てをさせる方を望むであろう。

B 国民投票に付される法律の審査

　現状では国家元首だけが国民投票に付される法律案の合憲性を判断することができる。1984年夏の状況において一時期、[国民投票に付される法律案の合憲性について]憲法院の意見を求めることができると主張されていた（さらに、憲法院判決をえることができると考える者もいた）。このような中で法務大臣は、国民投票に付される法律案について憲法院に意見を求めることを提案している。

1)　しかし、この場合、二つの憲法の番人のどちらが優位するのであろうか。法律案を国民投票に付すと判断した大統領か、それとも、この法律案の合憲性に否定的な意見を示した憲法院であろうか。大統領と憲法院の対立は人民が裁

---

18)　Voir L. FAVOREU, *Les Cours constitutionnelles*, PUF, 1986, p. 61.

定することになる。なぜなら、大統領は、憲法院の意見——それは単なる意見にすぎないので——にしたがわず、人民にその可否を問うことができるからである。人民はその場合、憲法院に対立する国家元首が正しいと認めるかもしれないし、あるいは国家元首に対立する憲法院を正しいと認めるかもしれない。容易にわかることであるが、ここには両者の対立を深刻にする重大なリスクが存在する。

　憲法院に［単なる意見を求めるのではなく］判決を求めることができるとした場合には、大統領はその判決を無視できないため、対立の危険は一層深刻になる。

2)　これら二つの場合、すなわち憲法院が意見を示すかあるいは判決を下すかすることになったら、憲法院はおそらく、法律案の「本質を暴く déshabller」ことになるだろう。というのも、公的諸自由に関しては、多くの重要規定がもはや法律領域ではなく憲法領域で扱う事項となっているからである。憲法院の審査の後には、あまり重要でない規定しか残らず、国民投票の実施を正当化することができなくなると思われる。

3)　したがって、国民投票に付される法律案に憲法院を関与させるという計画が放棄されたことも、国民議会において政府が改正案に憲法院の諮問の導入を提案しなかったことも、理解することができる。私の考えでは、これは当然のことである。というのも、今では憲法上の事柄について法律の国民投票を予定することは全く不可能だからである。国民投票に憲法院を関与させることは、国民投票の限界をさらに示すこととなり、国民投票を実際上、無益なものとするからである。

第三説：均衡と補完

　この説は、第 7 立法期間 législature ［訳注：国民議会は 5 年の立法期間を有する］において証明された。

A 均衡

　憲法院は、大統領権限との均衡を失わせるものではない。憲法院は、諸外国の憲法裁判所が有するような権限をもってはいない。すなわち、フランスでは高等裁判所［破毀院やコンセイユ・デタ］に付与されている権限を、ドイツ、オーストリア、イタリアの憲法裁判所は、行使するのである[19]。

　それでは、憲法院は何ができるのか。憲法院は、議会多数派の長としての大統領を統制する。この点で憲法院は大統領を抑制するが、国家元首としての大統領を統制することはできない。なぜなら国家元首は、国民議会を解散し、臨時会期を召集し、国民投票を実施することができるが、これらはすべて、憲法院やコンセイユ・デタのいかなる審査にも服さないデクレによって行なわれるからである。他の諸国では、これらの行為は憲法裁判所の審査に付される。そして、その際に憲法裁判所が執行権の独立を制限することができる。こうしたことはフランスには全くあてはまらない。

　したがって、国家元首に対する憲法院の権限は相対化されなければならない。すなわち、憲法院は確かに、議会多数派の長としての大統領を統制はするが、国家元首としての大統領に対しては統制しないのである。これは、このような憲法上の争点を解決することが可能な手続がないからである。法学者の創意工夫を考えると、経験的には、憲法院への付託をいつか可能にする手続があらわれるであろう。

B 補完

　この二つの憲法の番人の役割は、性格は異なるが、相互に補完的である。

1 大統領は憲法の尊重についての政治的な保証者である

　それは国家元首としての大統領であるかぎりであるが。つまり、特定の状況

---

19) *Ibid.*

においては大統領が憲法を尊重させなければならない。国家元首は頻繁に多数派からも反対派からも、「国家元首であるあなたが憲法を尊重させなければならない」と訴えられる。ニュー・カレドニア事件においても、大統領はそういわれている。また、憲法院についても大統領はそう要請された。例えば、1981年に大統領は、憲法院院長の要請に応じて、報道や議会が行なうさまざまな非難攻撃に対し憲法院を擁護した（上記参照）。

　大統領はまた、次の場合のように憲法解釈を行なうこともある。前大統領（ヴァレリー・ジスカール・デスタン）の召喚を望んでいた議会内委員会の長にあてた書簡の中で、大統領は、前国家元首は現職ではなくてもその地位に守られているゆえに、そのような者を召喚することはできないと、自らの意見を述べた。

　また、ニュー・カレドニア事件についてモーリス・デュヴェルジェ Maurice DUVERGER が強調したように、大統領自身が憲法を尊重しなければならない。したがって、憲法院の違憲判決をのがれるための迂回手段やとりわけオルドナンスの手続を用いることは論外である。

　最後に、大統領が、憲法54条によって、欧州人権条約第6議定書［訳注：死刑廃止第6議定書といわれるものである］の合憲性を確認するために憲法院に付託したことも指摘できる。つまり、大統領は反対派からの異議をおそれ、この国際条約が議会にかけられる前に憲法院に法的な問題を判断させたのである[20]。この場合、憲法の政治的な保証者［大統領］と憲法の裁判における保証者［憲法院］とが協力したといえる。

2　憲法院は、憲法の裁判における保証者である

　憲法62条によって、裁判所としての憲法院の解釈は他に優位し、強制力を有する。このように憲法院は、明らかに他の公権力に対してかなり優位性を有している。しかし、憲法院は自らに制限を課してもいる。他の諸国の憲法裁判

20）　Décision n° 85-188 DC du 22 mai 1985, *A.F.D.I.*, 1985 et notre note.

所と同様に、憲法院もとりわけ次のことを強調して自制している。それは、1975年[21]、1981年[22]において、そして国有化法事件[23]においても明確に示されているが、憲法院には、議会のような評価権限がないことである。憲法院は、法的な評価と議会が有する政治的評価の境界を越えないようにしている。憲法院が反対する権限は、セナの権限とは異なる。憲法院は、セナや国民議会の少数派が異議を唱える権限とは性格が異なることを示した。すなわち、後者は多数派が望む改革の内容についての全く主観的な評価を意味しているが、前者は、可決された法律が各政党に尊重が求められる法的原則に適合しているかどうかを検証するものである。それは、民主主義を維持するためのものといえる。

*

　ミッテラン大統領は、いつか憲法裁判所の席につくことがあるだろうか。

　憲法の政治的保証者の地位から憲法裁判上の保証者の地位への移行、これが、実際、大統領のたどる道である。すなわち、大統領経験者は憲法院の当然の構成員となる［訳注：56条2項は、元大統領が当然に終身の憲法院の評定官になることを定める］。しかしこれまで、フランソワ・ミッテランの前任者達はいずれも憲法院構成員とはなっていない。第五共和制の大統領経験者は憲法院構成員にはならないという一種の慣習あるいは少なくとも「憲法上の慣行」が形成されているのではないだろうか。研究者の中には、憲法改正によってこの慣行を公式化することを提案する者もいる[24]。

---

21) Décision n°74-54 DC du 15 janvier 1975, Interruption volontaire de grossesse, G.D., 3ᵉ éd., n°26, p. 295.
22) Décision n°80-127 DC des 19-20 janvier 1981, Sécurité et liberté, G.D., 3ᵉ éd., n°37, p. 486.
23) Décision n°81-132 DC du 16 janvier 1982, Loi de nationalisation, G.D., 3ᵉ éd., n°38, p. 324.
24) Voir D. ROSENBERG, Les anciens Présidents de la République, membres de droit

セナの方からは、大統領経験者から憲法院の当然の構成員となる資格を除外して、彼らにセナにおける終身議員資格を付与する憲法改正案が提出された[25]。そのようなことは過去においても提案されていたようだが、ド・ゴール le général de Gaule によって退けられている。我々はまた同じところに立ち戻っているといえる。

---

　　du conseil constitutionnel : l'impossible retraite, *R.D.P.*, n° 5, 1985, p. 1317.
25) *Ibid.*

II　憲法院と議会（1984年8月‐1985年8月）＊

　1984年8月から1985年8月にかけて、憲法61条［訳注：法律の合憲性審査］及び54条［訳注：国際条約の審査］に基づき21件の判決が下された（これは1年間にしては多いものである）。そのうちの17件は通常法律に関連し、3件は組織法律に、1件は条約に関連するものであった。1974年以降、議員による申立てによって計104件の判決が下されている。その多くが重要な判決であることから、この数字は特に重要である。この104件の判決のうち、45件は政権交代前に、59件は政権交代後に下されている。判決は明らかに従来の二倍以上の速さで出されるようになったが、問題はこの状態が続くかどうかである。もし1986年3月の選挙で、政権交代がおきれば、新しい反対派は、これまでの反対派と同様に頻繁に憲法院への審査を提起するであろうか。いずれにせよ、今日、議員による申立ては大きな成功をおさめているということができる。というのも、1974年12月以降、前述の104件の判決の対象となった約150回の議員による申立てが行なわれたからである。

　1984年から1985年にかけて憲法院に申し立てられた法律（17件が通常法律、3件が組織法律）の中で、17件のうち5件が海外領土に関するものであり、諸自由については2件の重要な法律しかない（一つは新聞事業法について、もう一つは教育に関わる法律についてである）ことがわかる。しかしながら、これらの20件の判決は、憲法院の判例を確実に発展させたのである。

　1981年5月以降の憲法判例全体に関して、立法権及び議会に対する憲法院の姿勢について多数派議員が述べた評価を引用したい。社会党国民議会議員アラン・リシャール Alain RICHARD は、雑誌アプレ・デゥマン *Après-Demain* の

＊　本稿は、1985年10月25日、フランス政治学会 GETUPAR（Groupe d'études parlementaires, Association française de Science politique）において発表した報告の原稿である。

記事[1]において次のように述べた。

> 「根拠規範に反する法律規定の憲法院による無効の場合、一般の人々から注目されることになろうが（憲法院の審査が当たり前になることほど最悪なことはないので、当然であるが）、さらに国有化に関する補償額の場合は、それがかなり実利的な効果をもたらしたとしても、［違憲判決を経て採択された］新しい法律の憲法適合性がその後に問題となることはほとんどない」。

実際、1981年5月以降に下された60件の判決をみてみると、この多数派の国民議会議員がいうように、確かに憲法院による審査はあったが、しばしばいわれていることとは異なり、現実に行なわれていたのは、議会という機関への妨害となるものではなかった。このことは的確にいいあてている。この重要な論点は後に再度とりあげることにして、憲法院の作業を客観的に評価したいと思う。これらの数字にさらに付け加えるべきなのは、20件の判決のうち、部分的違憲判決あるいは全面的違憲判決が約10件、つまり半分存在することである。これは高い比率といえるが、しかしこれらの違憲判決についてもまた詳しく分析する必要があり、アラン・リシャールの全体的な評価と照らし合わせなければならない。また、憲法院が立法活動に対して示す妨害については立法委員会の委員長フォルニ FORNI もかつて述べていた[2]。

このように、この1年［1984-1985］を憲法院と議会という視点から位置づけてみよう。そうするとそこには、指摘すべき多くの要素がある。しかし、この報告を組み立てるにあたり、この報告が専門家を対象としているという点で私は若干の迷いをもった。というのも、専門家に判決の詳細を列挙するという苦痛を与えるのはどうも心苦しいと思ったからである（それは通常、判決の紹介

---

1) A. RICHARD, Parlement 81-85 : une énergie sous pression, *Après-Demain,* n° 271-272, février-mars 1985, p. 30.
2) *Le Monde*, 28 février-1er mars 1982, p. 7.

でなされることである)。したがって、本報告では、この1年に下された判決の成果をまとめ、次に、現在の、まさにこの1985年の文脈において、フランスにおける法律の合憲性審査の意味について仮説をたてて、この点について議論を試みたいと思う。

A 憲法院判決の成果

議会に関わる憲法院判決の成果は多数ある(ここでは憲法院判決の次の側面に関して指摘するにとどめる)。

1 選挙制度と国民議会の権限

ここでは二つの事件について述べる。一つは、選挙制度改革についてであり、もう一つは総選挙ではなく、ニュー・カレドニアの議会の選挙区画についての事件である。

a) 指摘すべき興味深い点は、選挙方法を改正する法律の適正性 régularité について議会で論争があったにもかかわらず、反対派がこの法律を憲法院に申し立てなかったことである。しかし、これとは別に組織法律を付託されていた憲法院は自ら、議会にあがっていたこの論争に言及した。それは、国民議会の議員数を変更する法律に間接的にしか影響を受けないことを考慮すると、この法律に「セナは関与」しないのではないかという点であった。組織法律に関する1985年7月10日の判決[3]において憲法院は、自らが提示した議論をいわば破棄するかたちとなった(組織法律の審査には通常、反対派の趣意書は存在しない)。憲法院は、この組織法律を憲法上適正とする議論全体、そしてまたそれは一定程度、通常法律の合憲性(この法律が申し立てられたわけではなかったが)にも関わるのであるが、そうした議論を破棄したのである。

さらに、憲法院は、セナが関与する組織法律とは何かを定義し、そこから国

---

3) Décision n° 85-194 DC du 10 juillet 1985, *J.O.* 11.7.85, p. 7834.

民議会の最終決定権を確定した、つまりその範囲を画定した。これは興味深い点であった。というのも、組織法律についても国民議会は、（特別多数決によって）重要な最終決定権を有するとされたからである。憲法院は、セナが関与する法律をかなり厳格に定義したので、かなり重要な場合でも、国民議会のみで組織法律は可決される可能性をもつこととなった。

b)　次に選挙区画の件について述べるが、お気づきのように、ニュー・カレドニア事件に関する 1985 年 8 月 8 日に下された最初の判決において[4]、憲法院は、アメリカの最高裁判所やドイツの憲法裁判所のように、選挙区画の審査にとりかかったと思われる［訳注：ニュー・カレドニアの制度変更に関する事件は領土議会の選挙制度の変更に関わるものである］。この傾向がどこまで進むのかはわからないが、すでに興味深い点が示されている。判決の影響力は慎重に評価されなければならないといえるが、憲法院の判決として重要な審査の拡大であり、変化を暗示させるものでもある。

2　厳密な意味での憲法裁判所と議会との関係

裁判手法、さらに一般的な方法で、公権力の活動や公権力間の力関係、それらに関わる一連の問題点を次に指摘する。

a)　まず、憲法院はあらためて、合憲性の原則と呼ばれるものを明確化した。1985 年 8 月 23 日の判決において[5]、憲法院は、議会での立法すなわち一般意思の表明は、憲法に適合するかぎりにおいてはじめて有効に表明されると宣言した。国有化法判決（1982 年 1 月 16 日）や分権化法判決（1982 年 2 月 25 日）においてすでに、この表現は用いられていた。しかし、今回は、忠告を与え、いわば「くぎを刺そう」としている印象を受ける。さらに、その表現（「可決された法律は……憲法が尊重されている場合においてはじめて一般意思を表明する」）は十

---

4)　Décision n° 85-196 DC du 8 août 1985, *J.O.* 9.8.85, p. 9125.

5)　Décision n° 85-197 DC du 23 août 1985, *Rec.*, p. 78.

分に明確なものである。裁判手法の観点からは、憲法裁判所と立法府との対立があり、そこには、行政法における合法性と妥当性の区別のような、合憲性と妥当性というべき区別があらわれている。この対立に関わる裁判手法が、明白な過誤の審査であり（ニュー・カレドニア事件）、義務的解釈［解釈留保］であり（新聞事業法事件）、ニュー・カレドニア事件においてもまた他の事件においても暗に示唆された二重の審査あるいはダブル・アクションの審査［訳注：憲法院が違憲とした法律について、議会がその内容を変更した後に、それに対しても再度憲法院判決を尊重していないことを理由に提訴がなされ、憲法院の方で自らが下した違憲判決の内容が正しく議会によって考慮されたかどうか再審査することをさす］である。憲法裁判所は明らかにこれらすべての事件において、行政裁判所が行政権を扱うように、立法府を扱うようになっている。ここには正当性 légitimité の問題もあるが、本報告では裁判手法の観点のみをとりあげる。

b)　憲法院ははじめて明白な過誤があると認めた。憲法判決に明白な過誤の概念を導入した最初のいくつかの判決が下された後、何人かの評釈者は、明白な過誤の存在を認めることは決してないだろうと述べていた。しかし、8月8日の判決［85-196DC］ではそれが現実のものとなった。憲法院はこの判決で、ニュー・カレドニアの選挙区画の評価に明白な過誤があると認め、それが確定されたのである。憲法院が立法府に対して明白な過誤を認定することの正当性をどう考えるべきかは、この後明らかにしよう。というのも、何人かの研究者は明白な過誤を認める原理そのものを激しく批判したからである。

c)　他方で、新聞事業法事件（1984年10月10 - 11日［84-181DC］）があった。この判決にはきわめて新しい、かつ重要な点がある。すなわち、憲法院がドイツやイタリアの憲法裁判所と同じ手段をとって、合憲解釈の手法を（もはや判決理由においてだけでなく）判決主文に解釈を義務的な形で差し挟むことで強化した。憲法院は次のように宣言した。

「1条 次の諸規定は違憲と宣言される……

2条 <u>上述の解釈を厳格に留保するかぎりにおいて</u>、本法律の他の諸規定は憲法に反しない」。

確かに以前にもこのように判決主文に示した事例はあったが、それは法律事項と命令事項の権限配分の審査についてであった。しかし、本件では実体審査 contrôle au fond でそう示したのであり、憲法院がこの点を強調しているのはとりわけ明白であった。なぜなら、判決理由において、次のように解釈される場合にのみ当該法律は合憲であるとくりかえし強調しているからである。さらに、その解釈は義務的である。このように、我々はいまやイタリアと同じ状況に達している。実際、イタリアの憲法裁判所は、憲法問題を移送する下級裁判所や控訴裁判所、とりわけ破毀院と対立したため、最終的に判決主文に義務的解釈を組み込むにいたったのである。いまやフランスの状況は、イタリアと同じように、法文は維持されるが、その法文の解釈は義務的となる。そのような判決をもつにいたった。法文は存続するが、その法文から引き出される規範は義務的に解釈される。あとは、他の裁判所がどのようにこれに反応するかが問題となる。議会が憲法院にしたがうとしても、普通法上の裁判所はどうだろうか。私は、アンリ・カピタン協会研究会 Journées CAPITANT の報告において[6]、ドイツやイタリアで行なわれているタイプを参考に、憲法裁判所の判決を三つのタイプに分けて、判決が実施される条件とは何かについて報告を試みた。その結果明らかになったことは、現時点では幸いなことにフランスはまだドイツやイタリアほど複雑な状況にはないということである。

d) ダブル・アクション［二重の審査］の審査、これがニュー・カレドニア事件で行なわれた。最初の憲法院への申立てで憲法院は違憲と判断したが、憲法院は再度申立てを受けた（このようなことはこれがはじめてではなく、すでに国

---

6) L'effectivité des décisions de justice en droit public, Rapport français ($2^{\text{ème}}$ partie), 20-21 mai 1985, Aix-en-Provence.

有化法事件で起きている)。この事件で明らかなことは、憲法院にすでに判断したことに対する侵害を認めさせようとしたが、憲法院はそうはしなかった。ニュー・カレドニア事件において、憲法院は、違憲とした条項について当該法律全体と不可分であるとして、規定の違憲を宣言すべきであった。すなわち法律全体を無効とするべきであったと私は思う。しかし、憲法院は法文を維持し、事実上審署できない、部分的に違憲とされたその法律に対しうまく切り抜ける対処を政府と議会に委ねたのである。ニュー・カレドニア事件ではこの点が鮮明となった。これは、憲法院が直接的に対立することを避ける手法であり、政治的に、裁判所が反対派の要請に基づいてあまりにも明白な否認を多数派に突きつけているようにみせないようにするための術であった。しかし、この夏、その結末は大変な状況となっている。以上の諸点が、憲法裁判所と議会の関係について裁判手法の点でいいうることである。

3 憲法院・議会・人民の関係

1984年夏の改革[7]は実現しなかったが、それでもかなり大きな話題となり、議論が次第に、憲法院にさらなる役割を与えようとする方向で展開した。これを提案したのは多数派であり、反対派は法的な理由にかぎらない諸々の理由からそのような提案はしなかった。この提案においては、憲法院をこれまで以上に議会と人民の関係に関与させようとしている。他方で、法律制定に関する国民投票の領域が拡大されれば、議会は自らの特権の一部が奪われることになる。憲法院の権限は増大するが、相関的に議会権限は一部縮小されることになるのである。これは明らかな傾向としてみられるが、このように憲法院に新たな任務を負わせることがよいのだろうか。確かに、憲法院は、他国の憲法裁判所が行なっていることからすれば、まだ遠く及ばない。ドイツの憲法裁判所では政治的機関の間の政治的な対立が付託されるであろうし、またイタリアの憲法裁判所においてもそのような付託が可能である。フランスの憲法院にはこの

---

7) 憲法11条を改正して、法律制定に関する国民投票の領域を拡大しようとしたことである。

ような権限はない。

同様に言及すべきことを次にとりあげる。

4 基本権憲章の充実

報道の自由や教育の自由、また地方の自由 liberté locale に関し、多くの興味深い事件が判断された。

これらについて、ここでは憲法裁判所と議会の関係に関するかぎりで述べる。実際、立法府が34条に基づき付与された諸自由の基本的な保障を定立する権限は、ますます憲法上の原則を実施する権限となっている。なぜなら多くの諸自由が憲法規範化されているからである。議会はもはや、通常法律によってその保障を実施するしかない。この点について興味深いことには、反対派は（特にデイリ DAILLY 法を提案することで［訳注：明細書によって、債権の譲渡や債権の担保設定をできるようにする短期融資方式を定めるのがデイリ法で、その名前は提案したセナ議員に由来する]）二院制的組織法律 loi organique bicamérale[8] に関わる領域を拡大し、それによって、通常法律で諸自由の基本的な保障を定立するプロセスを封じようとした。これは、今日の多数派のような典型的な多数派がいともたやすく諸自由に手を加えることを妨げるためであった。しかしそうすると、反対派は自ら行き詰ることになろう。なぜなら、あらゆる法律は諸自由に関係するだろうし（法律が自由に関係していることを示すことは非常にたやすい）、その場合反対派は、すべての法律をセナでも国民議会でも特別多数決で可決させなければならなくなるからである。これは明らかに、反対派にとって巧みな策とはいいがたい。ともかく、これまでのところ、この提案は単発の発議にとどまっている。

B　議会からみた第五共和制における合憲性審査の意義と影響

ここでの説明は、現在の文脈において特別な意味をもっている。この考察の

---

8)　「二院制的組織法律」とは、両議院により義務的に同じ文言で議決される組織法律をさす。憲法に定められているのは、セナに関する組織法律のみである。

契機となったのが、1985年8月23日の憲法院判決の、合憲性審査を定義したすばらしい表現である。

>　「合憲性審査の目的は、立法権の行使を妨げることでも遅らせることでもなく、憲法との適合性を確保することにある。ある法律が全体として違憲とは宣言されず、違憲とされた規定の削除、あるいは憲法に適合する新しい規定に差し替えがなされれば、審署が可能な場合……この削除や差し替えといった立法手続は合憲性審査の要請に応えたことになる。というのも、採択された法律は、憲法を尊重する場合にはじめて一般意思をあらわすことになり、遅滞なく憲法に沿うように修正されることを可能にすることも、合憲性審査の目的の一つだからである」。

ここに合憲性審査の意義が示されている。第一の明白な意義は、憲法院が、合憲性審査の重要性を政治の道具にするべきではなく、法的な観点から法律の質的な改善をめざすところにあるとしていることである。

しかし、1984年から1985年にかけて下された20件の判決については、これとは別の説明がなされよう。少なくとも現在の多数派と反対派の力関係に照らした合憲性審査の現実の意義は、議会と政府の多数派を、さらには政府と大統領からなる執行権を統制することである。このことについては、雑誌アプレ・デゥマンの中でフランソワ・リュシェールも述べている[9]。

事実を検証してみよう。憲法院に審査された組織法律と通常法律のあわせて20本のうち、国民議会とセナの両議院で採択されたのは4本だけで、残りの16本は国民議会のみで採択されている。つまり、5分の4という高い比率で、国民議会だけで法律を採択していることになる。そこから、憲法院は国民議会

---

9)　「(憲法院の) 審査は (政府のデクレに対してではなく) 新しい法律に対して行なわれている。しかし、国民議会で可決されるほとんどの法律は政府が発議したものである。つまり今日、憲法院に監視されているのは国民議会というよりむしろ政府なのである。」*Après-Demain, op. cit.*, p. 16.

のみを審査しているという仮説が立てられる。しかし実際は、国民議会の意思とはその多数派の意思であり、より正確には多数派の社会党議員の意思である。可決されたほとんどの規定は政府と大統領の発議に基づくことを考えれば——そこには、議員が発議したようにみえるが、政府が多数派議員に提出を要請した修正案の中の規定も含まれている——、国民議会の意思とはつまり執行権の意思を意味している。

結局、国民議会多数派、政府、大統領、これらが同じ政治傾向をもち、規律の保たれた多数派が存在するという、このような状況において憲法院に審査されるのは、議会が定めた法律、議員による立法ではなく、「政府による立法」なのである。この仮説によれば、憲法院は現実に、ますます、政府あるいは大統領が定立した法律を審査していることになる。

1　この仮説により説明され、明確にされること

a)　例えば、合憲性審査で行政訴訟の手法、特に明白な過誤という手法を用いることが正当化される。イタリア憲法裁判所は、法律の審査の際に明白な過誤という手法を用いている。もっとも、イタリアの多数派の結束はフランスほど固くも強くもないため、厳密にはイタリアの法律はそれほど政府が定めたものとはいえない。明白な過誤の審査については、(議員たちが明白な過誤を侵しうると述べることなど容認できないとして)憤慨している者もいる。しかしこの手法は、合憲性審査の論理の中にすでに存在するものである。政府による立法の場合、明白な過誤を侵すのは、議員ではなく政府(場合によっては大統領)である。ニュー・カレドニア事件における明白な過誤の原因は、議会にではなく、確実に法律案を準備した理事部 bureaux にある。他には、正当化の根拠 motif の審査、権限濫用の審査についても同じように理解することができる。このように、行政訴訟と憲法訴訟にはかなりの類似点がある。一般的に、議会による立法の審査について、これらの行政訴訟の手法を用いることが不適切だという意味ではない。形式の瑕疵の手法もすでに憲法院の審査で用いられている。このようにして、妥当性と合憲性を区別するようになっている。その他、コンセイ

ユ・デタがすでに用いた留保付き適合判決という手法もあるが、これについては他国の憲法裁判所でも用いられている。

b）　法律と命令の境界はもはや重要ではない。というのも、結局、両方とも審査にかかり、それも同じ手法による審査にかかるからである。このことは、憲法院が、34条と37条についての違反は無効を生じさせる憲法違反とはならないと判示したこと[10]からも説明できる。違憲判決が多く出ることは避けなければならなかった。反対派はどのような法文においても違憲となる箇所をみつけることができたからである。次のように説明することもできる。政府による立法が、デクレの形式をとろうと法律の形式をとろうと、結局は同じような方法の審査に服するのだから、その違いはもはや重要性をもたない。

c）　ニュー・カレドニアの緊急事態についての審査[11]も同様の意味で理解することができる。これは、立法府に対する事件ではない。反対派は、ニュー・カレドニアに緊急事態を宣告した政府と大統領に対し、憲法院による制裁を加えたかったのである。法律は口実にすぎなかった。法律には単に、緊急事態が延長される、緊急事態で作動される事柄は別の法律で定めると述べられていたにすぎず、法律それ自体に問題は何もなかった。現実には、それは執行権に対する審査であったが、実際、審査はなされなかった。しかし、憲法院によれば、もしその前の法律（8月30日）が憲法院に訴えられたのであれば、審査することになっていただろうとしている。

d）　また、憲法10条に基づく反対派の申立て[12]にも特別な意味がある。これは大統領の審査である。反対派が公然というように、政権交代やコアビタシオンの観点からは、大統領を審査にかけることが重要である。政権交代期の状況

---

10)　Décision n° 82-143 DC du 30 juillet 1982, *Blocage des prix*.
11)　Décision n° 85-187 DC du 25 janvier 1985, *Etat d'urgence en Novuelle-Calédonie*.
12)　Décision précitée du 23 août 1985 [85-197 DC].

にあるとはいえ、現在の反対派が大統領について憲法院へ申立てをする必要性は、理論上はない。しかし、次のような場合が考えられうる。つまり、反対派が大統領を審査にかけようとして、故意に法律の憲法適合性について憲法院に申し立てる、そして大統領の行為に対して、特に審署に関する行為に対して間接的に審査を行なわせるということはありえよう。

e) 最後に1984年夏の試みがある［本書62頁参照］。法律に関する国民投票の領域を拡大する試みとは何であったのか。このような観点から、この試みをこの説明の中に位置づけてみる。それは、憲法院の違憲判決を回避する方法であった。というのも、違憲判決に対処することは憲法改正ではできないからである。憲法裁判制度を有する他の国々、例えばオーストリアでは、憲法改正に十分な多数派が形成されているため、憲法裁判所の判決が憲法改正によって簡単に修正されることがある。ドイツでも一時期、このようなことが行なわれていた。しかしフランスでは、憲法改正に十分な多数が形成できておらず、とりわけセナが反対する。そこで、憲法院の違憲判決に対抗する唯一の手段が、国民投票によって憲法院での審査を回避し、国民投票による法律を成立させることとなる。このようにして成立した法律は、憲法院自身の判決によって憲法院での審査に服さないことが明らかである。それゆえ、法律を国民投票にかけることによって、違憲と宣言された法律を修正し、かつ、それを維持することができる[13]。このようにみると、1984年夏の試みとは、政府による立法に対する

---

13) この点について、S. SUR（Les conséquences des élections, *Universalia*, 1981, p. 275.）の次の論述を参照。「左派グループが広く国民議会を支配しているとしても、セナにおいて彼らは少数派である。したがって、左派は、憲法院の審査という政治的リスクから自らを解放するための憲法改正を企てることはできない。左派がこのリスクを回避するには、国民投票に直接訴えることを検討するしかない。もっともそれは、憲法改正のための国民投票 référendum constituant ではなく……法律制定のための国民投票 référendum législatif を意味する……。人民が自ら意思表明するのなら、憲法院はおそらく、1962年11月6日の判決［62-20DC］でそうしたように国民主権の直接的表現の適法性を評価する権限は自らにないと宣言することにな

憲法院での審査を逃れるための執行権の試みであったといえるのである。

この論理は、以前の多数派にもあてはまり、1981 年 5 月の政権交代以前になされた憲法院への申立てもまた、政府による立法の審査を求めるものであったと説明することができる。

2 「反動」——議会の権限の強化

a） 第一に、大統領権限や執行権が、議会内多数派と連携している場合には、非常に強い権限をもつことになるが、憲法院はこれらと議会権限とを均衡させるように働く。憲法院は、あまりにも強力で忠実な多数派を自在に活用できる執行権に対して、すべての法的行為を容易に成立させることを防ぐ。それは、国民議会多数派には現実的に執行権に対抗する力がないからであるが、1981 年の前であれ後であれ、多数派が抵抗しようとしても、49 条の制度により政府の意思が優位するからである［訳注：49 条とは首相が国民議会に対して政府の責任をかける制度］。

b） 他方で、憲法院に無効にされる、違憲判決を受ける、という危惧があるため、必然的に議会で重要な法的議論がなされることとなるが、このようにして、議会が復権することがある。例えば、多数派の国民議会議員自身が政府提出法律案に反対し、憲法の観点から修正を要請したことがあった。1983 年 12 月の新聞法に対するジャン＝ピエール・ミシェル Jean-Pierre MICHEL の場合がその例である。彼は、モーロワ法の法律案に 14 もの違憲箇所をみつけた。この法律案は議員たちによって修正が付され、議論され、最終的には修正にしたがい変更された。

c） さらに、（ここで私が検討した 20 件の判決にかぎることではないが）議会に関するかぎり、憲法規定（あるいは憲法の精神）の適用について憲法院はそれほど厳

るだろう」。

格ではないように思われる。例えば、憲法院は、臨時会期に関して非常に柔軟な姿勢をとったが、これは議会権限を強化することになった。このような例は他にもあげることができる。議会権限が問題となる場合、憲法院はあまり厳格ではない[14]。もっともこれは仮説であり、詳細に研究しなければならない。

d) 憲法院が行なっているここ数年の合憲性審査には、立法府の権限を回復させる傾向がみられる。あるいは少なくとも、立法府に属する権限が容易に命令制定権に委任されないよう配慮する傾向がみられる。実際、最近の判決では、立法府の消極的無権限や罪刑法定主義の原則への違反に基づく違憲の事例が、明らかに増加していると指摘できる。

e) 合憲性審査、とりわけフランスにおける予防的審査[事前審査]は正当だと認められよう。なぜなら、法律規定が違憲無効とされても、議会に再度立法する機会が与えられているからである。

　予防的審査と事後審査を比較してみよう。事後審査では、憲法裁判所が法律を修正し、作り、再構成する。議会は自発的にそれを再度とりあげないかぎり、自らが可決した法律を確認することはない。法律は裁判所の解釈によって修正される。アメリカ、ドイツ、イタリアにおいてもこのことは非常に明白である。とりわけイタリアでは年間400件もの憲法訴訟が提起され、そのうち、平均30件から40件が無効とされている。他方、フランスの制度においては、法文を再作成することが立法府に求められる。

　最後にとりあげたいのは、このフランスの制度は、法文を再考する機会を議会に与えることによって、最適な権力の分配 répartition の実現を可能にしているのではないだろうか、という点である。ダブル・アクションの審査によりこれは可能である。また、大統領が用いる法律案の再審議請求権によっても可

---

14) この問題全体に関して次の優れた論文を参照。Philippe TERNEYRE, La procédure législative ordinaire dans la jurisprudence du Conseil constitutionnel, *R.D.P.* n° 3, 1985, p. 691.

能である。さらにこの権限は、憲法院が、憲法院判決から帰結を導き出す役割を議会や政府に委ね続けるのであれば、他の状況においても用いられるだろう。いくつかの規定の「削除」を生じさせた憲法院判決の結果、整合性を欠く法律となり、それを修正することをめざす議会の発議によっても、最適な権力分立の実現は可能となる（1982 年 7 月 22 日法は 1982 年 3 月 2 日法を補完している）。公然と議会や政府を非難するのではなく、それらに「答案」をやりなおす役割を委ねている点で、このような制度はよいものだといえよう。結局、議会や政府はどうにか対処するのである。ニュー・カレドニア事件では、2 回目の憲法訴訟が失敗したので、政府は判決での既判事項を適用し、法律を修正している。

　フランスの予防的な合憲性審査は、憲法裁判所が検討した結果、法律を修正する必要がある場合に、議会に最終決定権を与えるものといえる。

＊

　もし現在の反対派が 1986 年 3 月の選挙で政権に返り咲くことになるのなら、彼らは、約 60 件の憲法院判決を生じさせ、大いに合憲性ブロックを充実させたと考えるであろう。しかし、その多くの判決が原因となって、今度は新しい政府多数派、すなわち彼ら自身の役割や権限が狭められることにもなる。左派は、1974 年から 1981 年にかけて約 40 件の判決を生じさせたが、彼らが 1981 年 5 月に政権についたとき、自らの行動の自由を制限する判決の創出に自らが寄与したことを後悔した。このように、現在の反対派も政権に返り咲いたときには、きっと後悔することになる。

　現在の反対派が政権に返り咲いた場合にはさらに、憲法院判例がもたらすさまざまな制限が、左派が 1981 年に政権についたときよりももっと多いともいえる。憲法院判例を構成する判決はもはや 50 件ほどではなく 100 件を超えることになるからである。

　政治システムの作用、とりわけ議会制度における政治システムの作用と憲法

裁判の間には、明らかな相互関係がある。憲法裁判は、多数派の制度と化した議会制度の効果を修正し、多数派と反対派との間の均衡を確立させる。相対的に、政治システムの作用も憲法裁判に影響を及ぼしている。このように、先に詳述した状況、多数派支配に対する憲法裁判の役割は、多数派が存在しなければ理解できない。もしこの多数派支配が、選挙制度改革の結果、姿を消すことになれば、憲法裁判所の役割もまた変化することになるだろう。

　興味深いことには、このような相互作用、相互関係はフランスと類似するどのような国にも存在する。1985年10月に行なわれたカナダの最高裁判所に関するシンポジウムの際に、報告者の1人が、議会と政府の多数派による横暴を回避するために重要なことは、憲法裁判所をもつことであると述べたが、私はこのことをよく理解することができた。多数派と反対派の格差がそれほど大きくないカナダでも憲法裁判の重要性が指摘されていることを考えると、このことはますます重要といえる。イギリスでさえ、この論理の影響を認識しはじめている。イギリスには実際、憲法裁判所はないが、イギリス議会の法律はますます頻繁に（すべて相対的ではあるが）欧州人権裁判所によって違法とされるようになっている。つまり、欧州レベルの裁判所ではあるが、この憲法的な裁判所によって、多数派支配の越権が修正を受けている。そして、イギリスの立法府、すなわち政府と議会の多数派は、法律の再定立を強いられるのである。

　憲法裁判、すなわちそれは「消極的立法府」であると、ケルゼンKelsenであればいったであろう。

第2部

コアビタシオンとなる政権交代期

政権交代の第2期において、第五共和制憲法の思いもかけない柔軟性が明らかになった。そして、予想外ではないとしても、少なくともそれまでは第五共和制の制度とは相入れないと考えられていた状況に対する憲法の適応性も明らかになった。しかしまた、コアビタシオン期には政治がますます法的なるもの juridique に依存するようになったため、憲法院の役割と重要性が際立つことにもなった。

　大統領の多数派と政府の多数派が分離し、大統領と議会の反対派が結びつくことで、巧妙な駆け引きが行なわれる。そのような中で憲法院は、重要な役割を果すよう求められた。実際、政治上の各アクターは憲法の法的な可能性を最大限に利用するようになった。それゆえ、憲法裁判所の介入はさらなる重要性を有するようになった。通常、公権力による規範形成活動に対する調整は憲法裁判所の手にあったからである。

　政権交代の第2期においてはまた、憲法院が行なう審査の欠陥もあらわになった。それは、憲法院が他の欧州諸国の憲法裁判所とは異なって、憲法解釈に関する公権力間の衝突を裁くことができないからである。それゆえ、国家元首は、自身の法的行為や行動のいくつかについて、とりわけ38条に基づくオルドナンスへの署名に関して、憲法裁判所の審査を逃れることができた。またこのために、大統領の無答責が注目されるようになった。なぜなら、大統領多数

派と政府多数派との一致がみられる「通常」の政権交代期と違いコアビタシオン期においては、大統領の責任がもはや政府の責任によって覆い隠されることはないからである。

　さらなる圧力を受けつつも、またコアビタシオン期に担った自らの責任の重大さからも、憲法院は審査を厳格化し、以前の期間よりもはるかに政府の活動に「枠をはめた」。しかし、憲法院は、以前もそうであったように、多数派による改革の実現を妨げたのではなく、諸改革に認証を与えたのである。

　私は、憲法院によって諸改革が結果的に平均化された状況の特徴を示すために「中道政府 gouvernement au centre」あるいは「中道主義 centrisme」という表現を用いているが（107 頁を参照のこと）、これを「曖昧」だとして、イヴ・メニ Yves MÉNY が最近の著書（*Politique comparée*, Montchrestein, 1987, p. 453）の中で批判している。しかし当然ながら、私はこの表現を通常の意味で用いたのではなく、またそれには侮蔑的な意味もない。この表現は単に、政権についた多数派の改革計画が必然的に穏健化することを示しているだけである。

　以下の諸論文は、憲法院の審査によるコアビタシオンの「枠づけ」及びコアビタシオンの最初の 1 年（1986 年 3 月から 1987 年 3 月）における憲法院と公権力との諸関係について詳述したものである。

第1章　憲法院によって「枠づけられる」
　　　　コアビタシオン

　第五共和制の下での政治生活についての専門家が指摘するように、「通常、フランスの政治制度の活動の中で憲法院が果す役割は、1981年の大統領多数派と議会多数派とがもはや一致しないからといって、何ら影響を受けるはずはない……しかし実際、憲法院は1986年の夏の間ずっと、まさにこの役割に関する激しい論争の渦中におかれることになった」(J. CHAPSAL, *La vie politique sous la Vème République*, P.U.F., 3ᵉ éd., 1987, vol. 2, p. 566)。

　つまり、憲法院によるコアビタシオンの「枠づけ」は、多数派から何らかの抵抗を受けずにはすまされなかったのである。確かに現在の多数派は、自らが前の多数派に同様の制約を課したことを少しばかり忘れている。しかし、以前の時期よりも諸改革の誘導 canalisation に対する憲法院の縛りがきついと彼らが評価するのも、いくつかの理由がある。なぜなら、憲法院自体にさまざまな外的要素が結びついているからである。以下の論文は、(加筆・修正が行われているが) 1987年4月3日、4日にパリで行なわれたフランス政治学会の研究発表のもの (「フランス流コアビタシオンの1年 Un an de cohabitation à la française」) であり、雑誌ルガール・シュール・ラクチュアリテ *Regards sur l'actualité* 135号 (1987年11月) に掲載されたものである。

憲法院を擁護する人々が孤立していると感じていたのは、まだそれほど昔のことではない。しかし政権交代の二つの期間を経て多くの者が見解を覆し、いまでは憲法院を擁護する者の方が多勢となっている。さらに、新たに擁護派に宗旨替えした人々の熱意や信念も相当のものであり、声を揃えた賞賛の中のいかなる不協和音も認めず、憲法裁判所に対する何らかの異議や批判を示す者に対して、ときには断固として規律に服するよう求めるほどである。まさか、いたるところに憲法院を擁護する主張がみられ、以前になされた別の主張と比較してみることになろうとは思いもしなかった。

　憲法裁判は、つい最近まで誹謗されていたが、今日では、法治国家の存在に不可欠な条件として、ほぼ一致して認められている。大統領の要請によりブロンディーヌ・バレ＝クリーゲル Blandine BARRET-KRIEGEL が著した非常に学問的な公式報告書である『フランス共和国大統領フランソワ・ミッテランへの報告書』[1]は、複数のシンポジウムを経て、数カ月のうちにかなり内容が廃れてしまった。1985 年 12 月の段階では、法治国家の定義の中に憲法裁判は位置づけられておらず、それどころかこの報告書では、「法治国家にとって災いの元である超合憲性という危険な論理」[2]が問題にされていた。これは、報告書の準備段階で行われたあるシンポジウムから取り入れられた結論であるが、このシンポジウムの総括レポートには、法治国家の完成を表現する憲法院が、「法治国家を異常なほど損なう」[3]元凶とみなされていた。今日では、この驚くべき結論に与する者はいない。

---

1) Blandine BARRET-KRIEGEL, *L'Etat et la démocratie,* La documentation française, 1986, p. 80. この報告書にはとりわけ人の心をとらえる、少なくともイメージ豊かな次のような記述がある。「法全体における憲法の諸原則の驚くべき発展は……まるで、合法性審査という潮の流れのない法的な液状のかたまりという大量の吃水によって長い間、深みにとどまっていた憲法の法文が、公的諸自由の根拠となって、大気中に噴出したかのようである」。

2) *Ibid.*, p. 75.

3) *Ibid.*, p. 81.

1986年3月以降、もはやこの考えを支持する者は、左派にも右派にもいない。左派である社会党にとって、自らが創出したわけではない機関［憲法院］を廃止することはもはや問題ではなく、今ではむしろ憲法院を賞賛している。ジャック・ジュリアール Jacques JULLIARD が明確に述べているように「ルソーの民主主義からモンテスキューの民主主義に」[4] 移行したのであり、これは明らかに統治制度の変化を示している。すなわち「憲法は、コアビタシオンの衝撃を吸収するにとどまらず、憲法院の出現を通して、フランスを主権的体制から法的体制へと移行させる適応性があることを示しつつある」[5] のである。

したがって最近まで、フランスの政治制度における憲法院の出現ないしその台頭という現象は、一般には広く理解されていなかった。私は「真の」政治学者ではないので、この現象を解説するのにはふさわしくないかもしれない[6]。しかしながら、私がまさに明らかにしたいと思うのは、法的なメカニズムと憲法院判例を熟知することがなければ、コアビタシオン期に何がおきたのかを理解することは困難だということなのである。

本稿の目的は、次の点にある。とりわけコアビタシオン期において、憲法院の活動により、法と政治の新たな関係が明らかにされたこと (I)、そして、それと相関的に、コアビタシオン期において、憲法院が政治制度の重要な要素として承認されたこと (II) である。

---

4) Cité par *Le Monde*, 18-19 octobre 1986.
5) J. JULLIARD, La souveraineté au détail, *Le Nouvel Observateur*, 21 août 1986.
6) 「フランスでも同様に、政治学関係の著作の中に憲法院に関する研究はほとんどない。実際、憲法院に関するすべての論文は公法の専門家によるもので、政治学の専門家が書いているのではない」(John KEELER, *Pouvoirs* n° 35, p. 134)。Voir *Pouvoirs* n° 13 et les articles de L.FAVOREU et L.PHILIP dans la *R.F.S.P.* 1984.

I　コアビタシオンと法と政治の新しい関係

　コアビタシオンは、政界と学界に、法的現象をよく知らなければ政治制度の活動を理解することができないことを認識させた。このことは次の二つの命題に示される。一つは、法が政治を正常な状態に維持するということ、二つは、法によって政治は変化するということである。

A　法が政治を正常な状態に維持する

　よく知られている法的表現が似ていることから、ここでは、今では——とりわけコアビタシオン期においては——政治制度の作用が多くの法的メカニズムの働き方に依存していることを示すことが重要となる。つまり、法規範の組み合わせやその作用を参照することなく、特定の時期にみられたもろもろの特徴を説明することはできないと、私は考える。コアビタシオン期の諸改革が「誘導」されたことによって、大統領には、憲法院の存在やその介入がなければありえなかった役割が与えられ、他方で、規範形成過程が停滞し、政府と議会多数派がその犠牲になった。

1　諸改革の「誘導」

　諸改革の「誘導」という現象は以前にも存在し、政権交代の第 1 期におけるこの現象についてはすでに述べた[7]。しかし、コアビタシオン期における「誘導」現象は、さらに広がり、特別な意味を有するのである。

　政権につくあらゆる多数派と同様に、シラク内閣を支える多数派も、有権者に対する公約と以前よりも明らかに厳しい現実とをすり合わせなければならなかった。多数派はとりわけ、諸改革の実現に用いることのできる規範形成の手段をただちに考えなければならなかった。つまり、命令、法律（組織法律と通

---

　7)　第 1 部第 1 章「憲法院によって『調整された』政権交代」を参照のこと。

常法律)、憲法的法律［憲法改正］のいずれを用いるのかという問題である。そしてこの点で多数派はオルドナンスという迂回手段を想定するという明らかな間違いをおかした。しかし、それは「漏斗現象 phénomène de l'entonnoir」が多数派にそうさせたのであった。

a) 漏斗現象

　漏斗現象とは、ここ数年みられる現象であって、政権についた新しい多数派が計画するすべての改革について、事実上、他の規範的手段を用いることができず、通常法律の手段に向かわせられることをさす。この現象はしかも、憲法院が徐々につみあげてきた判例によるものである。まず、とりわけ憲法37条2項の適用による法律事項と命令事項の領域の画定に関する判決[8]によって、ついで61条に基づく実体審査に関する判決によって、それは形成されてきた。

　実際、管轄［権限］の移行を示す次の二つの動きがあった。一つは、1958年以来、憲法判決と行政法判決とが継続的にかつ一貫して、命令制定権限を犠牲にして立法権限を拡大してきたことである。もう一つは、権利や自由の憲法規範化という動きに続いて、特に1970年代初頭から、通常の議会権限を犠牲にして、憲法制定権限を拡大してきたことである。その結果、下位の手段（命令）は閉ざされ、上位手段（憲法的法律）は政権を引き継いだ多数派の現状では使えないため、諸改革はその中間の手段（法律）へと押し戻されることになった。

　• <u>命令という手段</u>は実際、改革を実現する手段として数年前からすでに使うことができなくなっていた。なぜなら、憲法院の判決とコンセイユ・デタの判決とがあいまって次第に法律領域を拡大し、今ではほとんどの事項が法律領域となっているからである[9]。

---

8) *Le domaine de la loi et du règlement*, 2e éd., PUAM-Economica, 1981.
9) 「法律の領域と命令の領域」のシンポジウム（1977年12月エックサンプロヴァンス）において、さまざまな「アクター」（コンセイユ・デタ、憲法院、国民議会、セナ、政府事務総局）が一貫してこのような事実を認めていた。Le domaine de la

このことは今日では確立されており、法律案やデクレを起草する者もこれを認めている。とりわけ政府事務総局は、第五共和制の初期の頃のように、ある分野全体を改革するような大掛かりなデクレを採択することなど、もはや問題としないことをよく知っている。名高い「独立命令」はまれである、あるいは存在しないことを確認するには、官報を調べるだけで十分である[9bis]。

1958年以降になされた法律事項の変更例をあげると、在外フランス人高等評議会の選挙に関する規制がある。多年にわたりその規制はデクレの形式をとり、約10もの改正がデクレでなされていた。しかし、1982年にこのことがベルナール事件[10]［82-2ELEC］で（間接的に）問題となり、憲法院は、法律だけがこの事項を扱うことができると明確に示した。このような変更は他にも多くの例をあげることができよう。例えば、行政裁判所の構成員についての新しい法文は法律で採択され、数年前のように命令では採択されない。コンセイユ・デタの構成員についてもおそらくすぐに同じ状況になるだろう。しかしながら、行政事件手続という命令制定権に伝統的に留保されてきた分野の中に我々がいることにかわりはない。

問題は、我々研究者が、命令は法律と同様に広く用いられる手段だと講義で教え、教科書に書き続けていることである。

• 憲法的法律という手段は、たとえ政府にとって最も困難な手段だとしても、十分に可能な手段である。通常法律の形式をとると違憲と宣言されるおそれがあると政府が予期している改革、あるいは憲法裁判所に実際に違憲と宣言された改革、これらを、憲法的法律の形式で成立させることは十分に考えられる。例えばオーストリアでは頻繁に、ドイツでも時折、このような形で憲法的

---

loi et du règlement (Aix-en-Provence, décembre 1977), PUAM 1978 ; 2e éd., PUAM-Economica, 1981.

9bis) Louis FAVOREU, Les règlements autonomes n'existent pas, *R.F.D.A.*, n° 6, 1987.

10) 16-20 avril 1982, *D.* 1982, J. p. 506, note LUCHAIRE.

法律が用いられている[11]。

　提案された、あるいは最初に想定されていた分権化の改革をこの観点から再検討すると、憲法的法律に属すること（この手段を用いる力がなかったため、この手段は除外しなければならなかった）、組織法律あるいは通常法律に属すること、命令に属することに区別される。

　しかし、（憲法89条に定められている）憲法改正という手段は実行不可能である。なぜなら、この手段を用いるには四つの機関 autorité の合意が必要であるが、1981年以来、これらの機関が政治的に合意したことはないからである。1981年から1986年までは、政府、大統領、国民議会が合意してもセナが合意しなかった。1986年3月からは、おそらく大統領の合意がえられないであろう。最後に、政府が国家元首に要請して、憲法11条による国民投票、すなわち「ド・ゴール的手段」があるが、これを使うとは考えにくい。

　結局、ほとんどの改革案は、政権交代の第1期と同じように法律という手段へ押し流されたのである。しかし、政権交代の第2期においては「狭窄化現象 phénomène du défilé」から生じる第1期との違いが、以前よりはるかに顕著となり、明らかに深刻な支障をもたらした。

b)　狭窄化現象——法律という手段の狭まり

　それぞれの政権交代期に政権についた新内閣は、法律という手段、いいかえれば法律案が通る経路が、前内閣が経験したものより狭いことに直面した。それは、彼らが反対派であったときにくりかえし行なった憲法院への申立てによって、その経路を狭めることに自らが寄与したからである。実際、個々の憲法院への申立ては、憲法院が合憲性ブロックに含まれる新たな規定を明確化し解釈する契機となってきたが、この合憲性ブロックがますます法律という手段に重くのしかかるからである。すでに述べたプロセスにしたがうと[12]、規範の緊

---

11)　L. FAVOREU, *Les Cours constitutionnelles*, PUF 1986.
12)　フランス憲法学会研究大会（1987年3月13日、パリ）での報告「参照規範 Les normes de référence」を参照（研究大会会議録に掲載）。

密化、増加、蓄積といったさまざまな現象の作用により「参照規範の加重化」が生じている。そのため、1974年から1981年までに反対派の左派がもたらした47件の憲法院判決に、1981年から1986年に下された反対派の右派の申立てに基づく66件の判決が加わっていることを考慮しなければならない。このような規範の加重化がよくわかる例を一つだけあげると、視聴覚改革［訳注：放送法の制定］がある。新政府はこれに関して人権宣言11条［訳注：思想及び意見の自由］の解釈の蓄積を考慮しなければならなかった。これらの解釈は、当時反対派であった右派が1981年10月、1982年7月、そしてとりわけ1984年9月の憲法院への申立てにより、自らもたらしたものであった。11条の解釈は、とりわけ「透明性と多元主義という（憲法的価値を有する）目的」を精緻化し、明らかに新聞法や視聴覚コミュニケーション法の起草者を悩ませた。彼らは、自らが過去に作り出した制約に激しく抵抗したのである[13]。

　法律という経路は狭くなっていたが、そこを通過させなければならない改革の数は政権交代の第1期よりも明らかに多かった。それは、政府が（1986年春の時点で予想した）自らの政権の寿命を考慮し、非常に短い期間にできるだけ多くの法律案を採択させようとしたからである。政権の寿命について、左派政権は5年を見込むことができたが、右派政権の場合は国民議会の解散が可能であったために、2年以上を望むことはできず、2年未満と考えられていた[14]。そこで、より多くの改革法律案をより狭められた立法経路に通さなければならなかったのである。もし憲法院がそれまで維持してきた慎重な態度を継続するのであれば、もっともこの姿勢を放棄する理由はなかったが、明らかに法律という経路は停滞もなければ膠着する危険があった[15]。

---

13) とりわけペリカール PÉRICARD の声明を参照（*J.O. Débats. Ass. Nat.* Séance des 4-5 août 1986)。

14) この点について、次を参照。O. DUHAMEL, Les gardiens de la Constitution, *Le Monde*, 28 mai 1986, p. 10.「総選挙がなくても右派はせいぜい2年しか政権を担わないので、議会多数派の交代によって改革のスピードははるかに速くなる」とある。

15) 「4、5年前に提示された法文がそのままでは認められない可能性があるとしても、

第 1 章　憲法院によって「枠づけられる」コアビタシオン　85

　とりわけ放送や治安に関しては、1984 年 10 月 10 - 11 日判決 [84-181DC] と 1981 年 1 月 19 - 20 日判決 [80-127DC][16] が下されたことで参照規範の重圧が特にかかることとなった。多数派議員が憲法院審査に関して——ときには不器用に——懸念を表明したが、これは、先に述べたことを考えれば、もっともなことである。

　しかも、政府には、以前の政権のときと違って、次の点に確信がなかった。つまり、通常の日程外で、正確にいえば通常会期以外での立法に道を開くために大統領の理解をえられるかどうかについて確信がなかったのである。実際、通常会期中に完了しなかった規範形成の流れを通すための臨時会期の召集を、——必要があれば——国家元首は拒否することができたからである。確かに大統領が臨時会期の召集を拒否したことはこれまでなかったが、1986 年 12 月にはおこりえただろうし、常にその可能性はあった。

　そのため、憲法院を回避する手立てを講じたいという政府の欲求は強かった。しかしこの迂回手段は妨害することが可能なのである。

2　回避手段もしくは迂回手段の阻止

a)　法律という手段が唯一とりうる手段であったが、この唯一の手段の性格と合憲性ブロックの重圧が増したことで、この経路でかなりの停滞が起きた。そのため、政権についた多数派が回避もしくは迂回手段を探そうとしたのはごく当然のことである。理論上、この議会立法という手段以外にも二つの可能性があった。憲法には、法律領域に属する事項が必ずしも法律によって規律されるわけではないこと、国民投票による法律またはオルドナンスという手段によっても定めることができること、これらが定められていたからである。

　　憲法院はあえて数週間で 10 件もの無効判決を下そうとはしない、この点に危険がある」（O. DUHAMEL, Les gardiens de la Constitution, Le Monde, 28 mai 1986, p. 10）。

16)　Les grandes décisions du Conseil constitutionnel, 4e éd., 1986, n° 40 et n° 34.

・国民投票による法律の手続は、首相の提案または両議院の共同提案に基づき、大統領が開始する。周知のように憲法院は、国民投票による法律の合憲性を裁定する権限が自身にはないと判示したため[17]、国民投票による法律には、憲法院の審査に服さないという利点がある（図表2-1参照）。この場合、狭窄化 défilé 現象は起こらず、改革案はより成立しやすいが、この手続の適用範囲は「公権力の組織」にかぎられている。この範囲を公的諸自由にまで広げようとした1984年8月の試みは頓挫した[18]。したがって、社会改革を実現するために国民投票による法律という経路を使うことは難しい。確かに、いくつかの改革についてはこの手段の利用を想定することができるだろう。しかし、その場合でもおそらく国家元首の同意がえられないだろう。国民投票の実施を拒否することで、大統領はこの手段を封じることができるのである。

・逆に、もう一つの回避手段の方ははるかに可能性があるようにみえた。議会にオルドナンスによる制定の許可を要請することで、諸改革の実施をより早くすすめられ、かつ憲法院の審査を回避できる、おそらく政府はこのように考

---

17) Déciaion n° 62-20DC du 6 novembre 1962, Les grandes décisions, n° 15.
18) 1984年夏、国家元首は反対派が不用意にもたらした好機をとらえた。反対派が教育の自由に関して国民投票の実施を要請したのである。そこで国家元首は、諸自由に関しては法律に関する国民投票が行なわれないことを強調し、まず、法律に関する国民投票の適用範囲に諸自由を含めるために（89条の手続によって）憲法11条を改正し、その上でこの点に関して国民投票を実施するよう提案した。多数派である左派にとってもこの提案に利点があることは明らかであった。通常法律を手段として諸改革を通しても憲法院がこれを取り消すかもしれない。しかし、国民投票によれば左派はそれらを確実に採択させることができた、つまり憲法院を「阻む」ことができたからである（この点について次を参照。S. SUR, *Universalia,* 1981, p. 275.）。しかしこの試みは失敗した（この問題全体について、次を参照。L. FAVOREU, Le referendum sur le referendum. L'exemple d'un débat anachronique, dans *Droit, institutions et systèmes politique, Mélanges en hommage à Maurice DUVERGER*, PUF, 1987, pp. 79-91.）。

第1章 憲法院によって「枠づけられる」コアビタシオン

図表 2-1 改革達成への道すじ

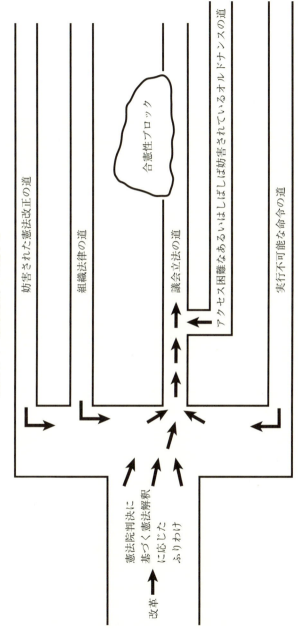

えたと思われる[19)20)]。しかし実際、政府の判断は誤りであった。正確にいうと、政府は、実定法にほとんど対応していない法的見解に依拠したため、第五共和制初期のようにオルドナンスによる措置を講ずることができ、それらは実行の後でしかコンセイユ・デタの審査にかからないと信じていたからである。

これが政府の誤算である明らかな理由は、一つに、憲法院が昔と同じ審査方法をもはやとっていないからであり、もう一つに、憲法が大統領に与えている法的手段、特に憲法院審査を脅しとしてちらつかせる手段の使い方を大統領が知っていたからである。

b) 大統領は規範形成過程を制御するさまざまな手続の使い方を心得ていた。

それまでの事例において憲法院は、憲法38条に基づき採択される授権法律が備えるべき正確性や慎重さについてあまり多くを示してこなかった。しかし1986年、憲法院は、はじめて留保付き合憲という手法［86-208DC］[21)]を授権法律に対して用い、このことが事態を変化させた。なぜならこれによって、一方でオルドナンスの起草から採択までに時間がかかるようになり、他方でこれを契機に、大統領がオルドナンスにますます反対するようになったからである。したがって、大統領は、この回避手段の「封じ込め」あるいはその威嚇を憲法院判決を根拠に正当化することができ、オルドナンスへの署名を拒否するか否かについての不安を極限まで煽ることができた。オルドナンスという手段は完全に憲法で定められているものであるが、結局、大統領がこのようにして、この手段の利用を困難にしてしまったのである。結果として、大統領は8

---

19) 知られているように、オルドナンスは追認されるまで行政文書であるから、コンセイユ・デタのみが管轄権を有する。また、いくつかの改革においてオルドナンスという手段は議会の投票を回避するための配慮でもあった。
20) オルドナンスに関して一般的には次を参照。L. FAVOREU, Ordonnances ou règlements autonomes n'existent pas?, *R.F.D.A.* n°5, 1987.
21) このテーマに関して次を参照。F. MODERNE, Les déclarations de conformité sous réserve, Journées A.F.C., 13 mars 1987. 1986年以前については次を参照。L. FAVOREU, La décision de constitutionnalité, *R.I.D.C.*, n°2, 1986, p. 611.

本のオルドナンスへの署名を認めた［訳注：8本としているが6本と思われる］が[22]、重要であったのはその中の2本にすぎなかった[23]。そして、政府にとって最も重要な3本のオルドナンスに対しては署名を拒否した[24]。さらに別の1本については政府自身が大統領に署名させることをあきらめた[25]。したがって、国家元首はオルドナンスの約3分の1を、この中には政府にとって最も重要であったものを含むのだが、阻止し、他方で、政治的な問題もないのでほぼ同じくらいの時間をかければ、議会によっても認められたであろうような内容のオルドナンスには署名をしたのである。

そこで政府は、改革を強制的に成立させるために例外的な手続に訴えざるをえなかった。

3　政府がとった例外的な手続

1986年の後半には、首相と大統領が、憲法から付与されている法的手段を驚くほど駆使し、同時に、それらを用いた応酬が激化した。そして、意図したことではなかったが、憲法院がこの法的対立の主要な要因の一つとなった。

ビリヤードにたとえれば、大統領は最初の二つの「キャノン carambolage」

---

22) Ordonnance n° 86-836 du 16 juillet 1986 (emploi des jeunes de 16 à 25 ans), *D.* 1986, p. 407 (modifiée par ord. du 20 décembre 1986, n° 86-1287, D. 86, p. 23) ; ord. n° 86-948 du 11. août 1986 (contrat de travail à durée déterminée), *D.* 1986. L. 434 ; ord. n° 86-113 du 15. octobre 1986 (Bassins d'emploi), *D.* 1986. L. 512 ; ord. n° 86-1132 du 21. octobre 1986 (intéressement et participation des salariés), *D.* 1986, p. 517 ; ord. n° 85-1135 du 21. octobre 1986 (Sté anonymes : représentants salariés au cours d'activité), *D.* 1986, p. 520 ; ord. n° 86-1243 du 1. décembre 1986 (Prix et concurrence), *D.* 1987, n° 1, p. 3.

23) それらは給与生活者salariésへの利益分配と給与生活者の参加についての1986年10月21日オルドナンス（86-1132号）と価格と競争に関する1986年12月1日オルドナンス（86-1243号）である。その他のオルドナンスの効果はとても限定的であった。

24) 民営化に関するオルドナンス（1986年7月）、選挙区画に関するオルドナンス（1986年10月）、労働時間の調整に関するオルドナンス（1986年12月）。

25) 解雇についての行政許可に関するオルドナンス。

［訳注：手玉を二つの的玉に次々にあてること］には失敗したが、3番目のそれには、少なくとも一時的には成功したといえる。

　国家元首は、脱国有化に関するオルドナンスと選挙区画に関するオルドナンスへの署名を拒んで、それらを、すでに相当な飽和状態にある立法手段の入り口でひしめきあっている大量の法律案の波の中に戻した（上記参照）。そこで政府は、改革を採択させるため49条3項の手段を正当に用い、結果的にその法律を成立させた。この時点で、大統領は、時折ほのめかしていたように、自らこの法律を憲法院に付託することもできただろうが、そうはせず、かわりに国民議会の社会党会派を動かす方法を選んだ。この方が政治的にリスクが低いと考えたのである。ともかく、第一の件（脱国有化）でも憲法院へ付託しなかったため、第二の件（選挙区画）でも大統領は同じように付託しなかった。実際、憲法院が消極的ではあるが重要な役割を果したこの「キャノン」は、これら二つの例において、法律が審署されたという点で失敗であった。法律が審署された結果、脱国有化と選挙区画の件はあらゆる異議申立てを免れることになったからである。これらの政策がオルドナンスによって採択されたなら、コンセイユ・デタに訴え、それらの合法性についての疑義を何カ月にもわたって検討させることができたであろう[26]。この件では、大統領の法律顧問が予測分析を誤ったか、あるいは、おそらく、無視できない政治的制約があったと思われる。

　大統領と首相の対立が一段と激化する中でなされた第三の「キャノン」には大統領は成功した。労働時間の調整に関するオルドナンスについては、通常会期が終了した翌日に大統領が署名を拒否したため、臨時会期が召集されないかぎり、というのは唯一大統領だけが召集決定権を有しているので、もはやこれを法律という経路に戻すことはできなかった。そこで政府は、法文を修正案の形で提案するという斬新な防御策に訴えた。しかし憲法院はこれを1987年1月23日判決[27]で違憲とし、無効とした。私が思うに、この判決には批判の余

---

26)　下記参照。
27)　Décision n°86-225 DC du 23 janvier 1987, *J.O.* p. 925. この判決については本書153頁以下参照。

地がある。なぜなら、第一に、修正案の受理条件に関してこれほどに大胆な憲法解釈を行なうのなら、両議院の協力を仰ぎ、周到に準備するべきであったからである。さらに、この判決により、大統領と政府多数派の間の法的な闘争の中で憲法院が積極的な役割を果すことになったからである。しかも、大統領は憲法院審査の統制の対象とはならないために、憲法院はその役割を偏った形で果すことになった[28]。

4　改革政策に対する法的な枠づけ

　これらのさまざまな法的要因から、政府の改革政策には、かなり厳格に枠がはめられた。1981年の政権交代の最初の1年と1986年の政権交代の最初の1年を比較して、手短に総括すると、合憲性審査の「圧力」という点で、明確な違いがあることに気づく。

　以下に、この圧力をおしはかる指標となるいくつかの数字をとりあげる（図表2-2、2-3、2-4を参照）。

　まずあげられるのは、成立した法律の数に対し憲法院に訴えられた法律の割合が、1981-82年では23%であるが、1986-87年では42%に推移し、80%も増加していることである。つまり、1981-82年では4分の1の法律が訴えられたが、それが1986-87年ではほぼ2分の1の割合となっている。合憲性審査の圧力は次のことからも裏づけられる。1981-82年では申立ての33%が単なる棄却の判決にいたっているが、1986-87年におけるその割合は12.5%でしかない。これは、一つに、（部分的あるいは全面的な）無効判決が増えたからであり、他方で、留保付き合憲判決も増えたからである。1981-82年の3件から1986-87年では9件になっている。さらに、1981-82年に憲法院は一度も職権による無効を下していなかったのに対し、1986-87年ではそれが4回もあった。これは、憲法院による審査の強化と解することができる。

　最後に、オルドナンスの形式で大統領が署名を拒んだ法文を、法律の形式で

---

28)　この点について120頁を参照。

図表 2-2　規範形成の道すじと大統領の妨害手段

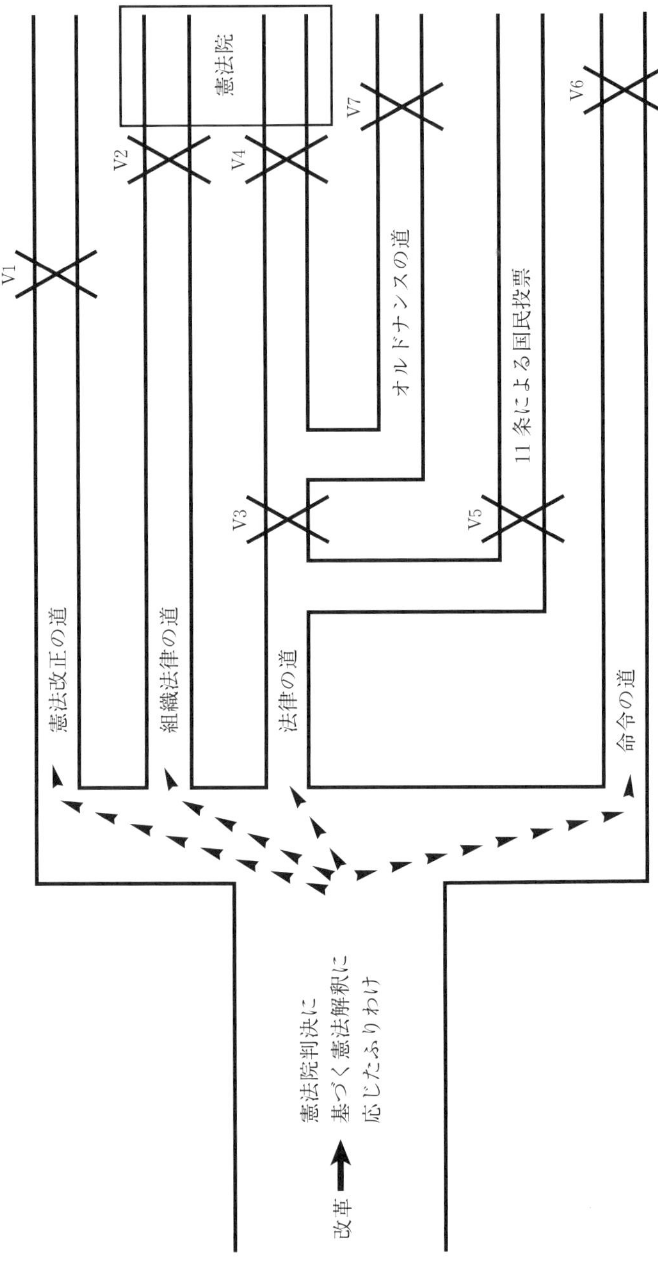

図表 2-3　1981年6月21日から1982年6月21日までの判決内容

判決番号	判決日	全部違憲	部分違憲	留保付き合憲	職権による判決	単なる合憲
DC81-129号	1981年10月31日		●			
DC81-130号	1981年10月30日					●
DC81-131号	1981年12月16日		●			
DC81-132号	1982年1月16日		●			
DC81-133号	1981年12月31日					●
DC81-134号	1982年1月5日			●		
DC81-135号	1981年12月31日					●
DC81-136号	1981年12月31日		●			
DC82-137号	1982年2月25日		●			
DC82-138号	1982年2月25日			●		
DC82-139号	1982年2月11日			●		
DC82-140号	1982年6月28日					●
判決数	12	0	5	3	0	4

立法府が再度とりあげた場合に、憲法院は（授権法律に関する判決の中で）オルドナンスの起草に関して政府に示した厳しい制限を、立法府に対しても実際に3回適用している。このように、立法府は自ら制定した法律（授権法律）を適用するにあたり、1986年6月［の政権交代後］にすぐに制定していれば遵守する必要がなかったはずの膨大な勧告や指示にしたがうよう強いられた。例えば公営企業の民営化に関する1986年8月6日法についての注釈者が強調するように、立法府は、憲法院へ再度申し立てられることをおそれ、憲法院の指示に厳密にしたがっている[29]。このことにも、憲法院が立法府を制約したことがよく示されている。

---

29)　「この（1986年8月6日の）法律は、憲法院が与えた指示を承認する……にすぎない」。Y. GUYON, L'évaluation des valeurs mobilières à l'occasion des opérations de privatisation, *R.F.D.A.*, n°2, 1987, p. 17.

図表2-4　1986年3月16日から1987年3月16日までの判決内容

判決番号	判決日	全部違憲	部分違憲	留保付き合憲	職権による判決	単なる合憲
DC86-207号	1986年6月26日			●		
DC86-208号	1986年7月1日			●		
DC86-209号	1986年7月3日		●			
DC86-210号	1986年7月29日		●	●		
DC86-211号	1986年8月25日			●		
DC86-213号	1986年9月3日		●	●		
DC86-214号	1986年9月3日			●		
DC86-215号	1986年9月3日			●	●	
DC86-216号	1986年9月3日		●		●	
DC86-217号	1986年9月18日		●			
DC86-218号	1986年11月18日					●
DC86-220号	1986年12月22日					●
DC86-221号	1986年12月29日		●		●	
DC86-223号	1986年12月29日		●		●	
DC86-224号	1987年1月23日	●				
DC86-225号	1987年1月23日		●	●		
判決数	16	1	8	9	4	2

　このような比較は慎重にしなければならないが、以上より、憲法院が立法府に対する審査を強化したことが確認できる。このことは特に次の事実にもあらわれている。多数派には法律案を急いで成立させる必要があったことから、1986-87年に可決される法律の数は増えるものと予想されていた。しかし、現実におこったのはその逆で、可決された法律の数は、政権交代の第1期よりもコアビタシオン期の方が少なかったのである[30]。

30）　もっとも6本のオルドナンスが定められたことに留意する必要がある。

第1章　憲法院によって「枠づけられる」コアビタシオン　95

その上、政権交代の第1期には、3本の授権法律が定められ[31]、これらに基づき21本のオルドナンスが定められたが、1986-87年には2本の授権法律が定められ（そのうちの1本は何の役にも立たなかった）、採択されたオルドナンスは8本だけであった。したがって、1981-82年においては合計73本の法文が成立し、その内訳は52本の法律と21本のオルドナンスであったが、これに対し1986-87年においては合計53本の法文が成立したにすぎない。その内訳は45本の法律と8本のオルドナンスである。このように、明らかに、シラク内閣の初年度よりもモーロワ内閣の初年度の方が簡単に諸改革を通すことができたのである。この点に、規範形成活動に対し憲法院が審査を強化した痕跡が確認できる。この強化の要因は、憲法院がさらに慎重になったこと、そして、もはや大統領側に属さない多数派が存在し、その多数派に対する大統領の態度が変化したことにある。

B　法によって政治は変化する

憲法院が行なうような憲法の適用は、明らかに政治機関やそのメカニズムに影響を与える。コアビタシオン期においては、フランスの政治制度に関してこれまで隠されてきたいくつかの側面が明らかになり（これは法的な啓示を授ける者によってはじめて明らかにできた）、政治制度のいくつかの要素が変化した。このような影響の痕跡は後にまで続くことになった。

1　38条に基づくオルドナンスは行政命令に類似している

コアビタシオンの経験から、憲法38条に基づくオルドナンスは授権法律の適用命令とますます類似するようになった。その結果、立法委任の手続はもはや、コアビタシオン状態にある政府にとって（あるいはそうではない政府にとっても）それほどの意味をもつものではなくなった。

---

[31]　Loi 82-3 du 6 janvier 1982 (mesures d'ordre social) ; Loi 82-127 du 4 février 1982 (réforme en Nouvelle-Calédonie) ; Loi 82-332 du 22 avril 1982 (mesures financières).

この原因は、授権法律の内容の変化と憲法院の審査にある。

　最近まで授権法律は、授権される事柄について何らかの記載があるのみで、その規定は、簡潔で省略的で短いことが特徴であった。フランス領アファール・イッサの下院選挙の選挙区についてオルドナンスによる修正を認める授権法律について、憲法院は合憲性審査を求められた。その法律には約10行からなる1条しかなかったが[32]、憲法院は「授権請求を主張する政府から、憲法38条1項が要する説明が十分に示された」と判示した[33]。確かにモーロワ内閣は、この政権にとってはじめての授権法律（1982年1月）で改革をしたと思われていた。しかし、見識のある論者は、その授権法律が奇妙なことに「指針法」と名づけられ、「詳細に諸指針を」列挙し、「通常にないほどさまざまな分野をごちゃまぜ」にしているとして、この授権法律の特異性を指摘していた[34]。さらに注目すべきことは、この授権法律について申立てを受けた憲法院が、1986年6月から7月にかけての諸判決に比べはるかに短い判決を下していたこと、そして1986年の諸判決に付されたような多くの厳格な留保がこの判決にはなかったことである[35]。その後モーロワ内閣は、1982年2月4日、1983年4月22日、1983年12月20日の各授権法律で以前の慣行に戻り、これらは申立ての対象とはならなかった。1981年11月18日の閣議では、38条の援用が「議会の審議日程が埋まっている」という理由で正当化されたが、このこともまた批判を引き起こさなかった[36]。その上、ニュー・カレドニアに関する1985年8月23日85-892号法律では、授権行為が特別な法律の対象とさえならず、通常法律の中に定められた。憲法院はこの法律についての申立てを受けたが、この点に不都合があるとは考えなかった（1985年8月23日DC85-197号判決［85-

---

32) Loi 77-51 du 20 janvier 1977, *D.*, 1987 L. 97.
33) Décision n°76-72 DC du 12 janvier 1977, *R.D.P.*, 1977, p. 468, obs, FAVOREU.
34) AVRIL et GICQUEL, *Chroniques constitutionnelles françaises*, p. 203.
35) Décision n°81-134 DC du 5 janvier 1982, *Rec.*, p. 15.
36) AVRIL et GICQUEL, *Chroniques constitutionnelles françaises*, p. 203.

197DC])。最後にこの件については次のことも述べなければならない。つまり、この授権の法文は最も短いものであったが、その一方でこれに基づき採択されたオルドナンスは非常に長かった。85-1181 号オルドナンスは 141 条、1985 年 11 月 13 日の 85-1187 号オルドナンスは 104 条もあった。

　しかし、政権交代の第 2 期のはじめに授権法律を採択する頃には、この状況が全く変わろうとしていた。政権交代の第 1 期においてモーロワ内閣は 4 回も 38 条の手段に訴えたが、国家元首は、38 条の援用について内閣に何の警告も発しなかった。しかし、シラク内閣に対しては授権法律の内容と形式に関して複数の警告を発している[37]。それ以前に、「授権法律と完全な権限を有する法律とを混同することはできない」というモーロワの発言もあり、反対派はオルドナンスの手続の活用を問題視していた。権威のある学者や報道も以前から、異常とはいかないまでもあまり正常とはみなされなくなったこの手続に対して慎重かつ厳格な態度をとるよう憲法院に求めていた。政府自身もこのことに責任を感じ、法律案を修正し、最終的には、以前から確立されていた慣行とは異なって、通常法律のような意味と正確さを授権法律に付与した[38]。この以前の慣行を、優れた論者はどうやら忘れてしまったようで、彼らは次のように述べている。「……政府は、経済的、社会的事柄に関する政府提出法律案が本来有する一般性[39]から生じる危険性を意識して、法的な要請を尊重し……憲法裁判所の温情をえられるようにするため、それを修正し、さらには書き直すことになるだろう……。これこそが法治国家と大統領が果す抑止的な役割の証である」[40]。

　このような状況の中で、上述のように求められた憲法院は、1986 年 6 月 25 - 26 日 [86-207DC] と同年 7 月 1 - 2 日の判決 [86-208DC] で審査を強化す

---

37)　AVRIL et GICQUEL, *Chroniques constitutionnelles françaises*, *Pouvoirs*, n° 37, p. 189.
38)　修正された法文を参照。
39)　1982 年 1 月 6 日の授権法律を除いては、以前の授権法律と一般性と全く同じである。
40)　AVRIL et GICQUEL, *Chroniques constitutionnelles françaises*, *Pouvoirs*, n° 38, p. 178.

ることになった。前者の判決には 80 段、後者の判決には 30 段もの判決理由が付された。何人かの論者は、おびただしい数の留保や指示が付されたことから、これらの判決を「法規的判決 arrêts de règlement」に類するものだと述べた[41]。また、この二つの判決では「厳格な解釈留保」が判決主文で示された。明らかに、判決理由が 4 段しかないジブチの選挙区画に関する判決［76-72DC］や、それが 14 段しかない最初のモーロワ法に関する判決［81-134DC］からは、かなりかけ離れている。確かに、前者は、オルドナンスによる下院のジブチの選挙区画を認めるもので、後者はパリのそれに関するものにすぎないという反論がある。しかし、1982 年 1 月 6 日の授権法律と 1986 年 7 月 2 日の授権法律に大きな違いをつけること自体がすでに難しい。というのも、前者の授権法律を適用する数々のオルドナンスが採択されたことを考えれば、この授権法律の重要性をおしはかることができるからである。しかしながら、最初の判決で憲法院が示した留保と、2 番目の判決の中で厳格に述べた留保には共通点はない。つまり、モーロワ内閣が有していた裁量の幅がシラク内閣のそれより確実に広かったのである。さらに、重要なことに、これらの多くのオルドナンスに付された提案理由の説明は、憲法院の留保に全く言及していなかった[42]。

　それではまだ、政府にとってオルドナンスの手続をとる利点があるのだろうか。

　この点は明らかでない。というのも、こうしたことから今日の政府は、直ちに法律――今では授権法律の場合もこれとほとんど違わない――と適用デクレを想定して、時間をうまく使うようになったからである。こうすることで、国家元首による署名拒否というリスクを回避し、憲法院の審査にかかれば、政府は主要な規定に関する異議申立てを免れることができる。確かに、オルドナンスの手続の利点は、かろうじて過半数を保っている多数派がさまざまな迷いを

---

41)　AVRIL et GICQUEL, *Chroniques constitutionnelles françaises*, *Pouvoirs*, n° 40, p. 174.
42)　例えば次のオルドナンスを参照。Les ordonnances n° 82-130 et n° 82-131 du 5 février 1982 (*J.O.*, 6 février 1982, n° 482, p. 485).

断ち切ることができる点にあった。しかし、これまでの経験が示しているように、そのような状況においても法律を成立させることは可能である。

　結局、コアビタシオン期でなくとも、上記の考察からは、オルドナンスの手続の利点はかなり少なくなったと思われる。

　<u>では、なぜ憲法院はあれほど厳格に授権法律の審査を行なったのか。</u>
　その理由はまず、政治家たち、とりわけ反対派の圧力があったからである。先に大統領自身も警告を発していたが、反対派も、この手続が濫用されていると考え、警告を繰り返していた。

　法治国家の発展の論理の中に位置づけられるようになって、憲法裁判所は、はじめて厳格な形で留保付き合憲という手法を用い、授権法律の審査を著しく強化するにいたった。この点で憲法院は、欧州諸国の憲法裁判所あるいはアメリカの最高裁判所を明らかに追い越した。なぜならこれらの裁判所は、立法府が同意した執行府への委任あるいは立法府にかわって執行府が自発的に介入することをはるかに自由に認めているからである。例えば、スペインの憲法裁判所は、デクレ゠ロワ decreto-ley ——すなわち立法府にかわって緊急時に委任なしで執行府が採択する行為——によって、スペインの主要企業の国有化を宣言することができると認めている[43]。

　また、審査を強化した理由として、裁判手法上の必要性という点もあげられる。行政訴訟についての深い知識を要するため、明らかにこの点については多くの政治を観察している者でも気づいていない。実際、コンセイユ・デタは、憲法規範を参照するのではなく、授権法律が指示する内容に対してのみオルドナンスを審査する。それゆえ、授権法律はできるだけ詳細に定めなければならないと考えられた。憲法院は、コンセイユ・デタの審査を補強するために、授権法律の中に、ある意味このような憲法的要請を組み込もうとしたのである。しかし、審査の強化により、直ちに政府の行動の自由が制限される。さらに、

43）　Rumasa 事件。

大統領が署名を拒否することで、その内容が法律の手段へと押し戻される場合には、思いもかけないことに議会の自由さえも制限することになる[43bis]。

1982年1月6日のモーロワによる授権法律が審査された際にも、このような裁判手法の必要性があったことが指摘できる。おそらく両者の違いは、1982年における反対派の申立てが1986年の申立てのように法的な論証で構成されたものではなかったことが考えられる。とりわけ1982年の申立ては、1986年のそれとは異なり、オルドナンスの手続の援用を問題視していなかったことに起因するのであろう。しかし、1986年に憲法院が多くの留保や指示を付加したように、憲法裁判所自身による留保や指示の付加については誰も異議を示さなかったではないかという反論もあるだろう。むしろ、政権交代第2期はじめの一般的な風潮から、憲法院がいわゆる法治国家の発展の論理に適う行動をとった、このように考えることがふさわしいように思える。

2　大統領の拒否権または妨害権──大統領を依然として憲法の裁定者あるいは憲法の番人とみなすことができるか

図表2-2に示すように、大統領は、いわゆる「拒否権」[44]あるいは「妨害権」[45]とよばれるものを、法規範形成過程の7カ所で行使することができる。大統領は実際に、すべての改革手段を阻止することができる。これに対し、政府やその多数派は何もできない。

すなわち、大統領は、両議院によって可決された案を両議院合同会議あるいは国民投票に付さないことによって、憲法改正の手段（V1）を遮断することができる。また、大統領は、組織法律（V2）あるいは通常法律（V4）の審署を拒むことができ、政府が要請する臨時会期の召集を拒否することができる（V3）。

43bis)　コンセイユ・デタの審査はほぼ行なわれないので、これが本当に有効とまではいえない。Voir notre étude précitée in *R.F.D.A.* 1987, n°5.

44)　M. DUVERGER, *Bréviaire de la cohabitation*, Paris, PUF, 1986.

45)　P. AUVERT, La faculté d'empêcher du Président de la République, *R.D.P.*, n°1, 1986, p. 140.

そして、政府の提案に基づく法律に関する国民投票を実施しないことができ(V5)、閣議を経たデクレの署名を拒否することができ (V6)、オルドナンスの署名を拒む (V7) ことができる。

おそらく、上に列挙した多くの拒否権は可能性にすぎないといわれるだろう。しかし、その中の一つ（オルドナンスの署名拒否）はくりかえし使われてきたし、臨時会期の召集拒否[46]や閣議を経たデクレの署名拒否[47]という手段が使われる可能性が示されたこともある。事実、これらの中の一つでも果されれば、それで十分に国家元首に完全な特権 immunité があることが示される。他方で、このような大統領の「裁量行為」に対抗する手段はない。例えば、憲法院はこれらの行為について直接に付託を受けないだろうし、コンセイユ・デタは付託されたとしても、おそらく統治行為理論を適用し、訴えを不受理とするであろう。したがって、伝統的に、法律への審署行為は覊束権限とされており、大統領自身も覊束権限だと示してきたが、大統領が法律の審署を拒否することが考えられなくもない。なぜなら、結局のところ、このような拒否を審査する裁判所がないからである。

このような大統領による拒否権の行使は法を創造する行為ではないので、法秩序に影響を与えることはない。このように主張されてきた。しかし、法的行為を妨げることもまた、法秩序に少なからず影響を与える。例えば、国家元首は、労働時間の調整に関するオルドナンスの署名を拒否したことで、既存法の効力を維持したことがあげられる。

コアビタシオン期に、国家元首はこれらの拒否権を行使したことで、いわば「自らの姿を露わにした」。政権交代の第1期にはほとんど目立たなかった大統領の完全な無答責が、コアビタシオン期においては、首相の責任で覆い隠され

---

46) デュヴェルジェは次のように、明らかに臨時会期の召集を拒否することができると述べている。「……大統領は現在では正当に1960年の［ド・ゴール］将軍の主張を支持し、臨時会期を拒否することができる」(M. DUVERGER, *Bréviaire de la cohabitation*, p. 87)。

47) この意味で次のものを参照。M. DUVERGER, *op. cit.*, p. 94。

ないために特に浮き彫りになったのである。国家元首の行動が責任を追及されず、誰からも統制されないことは、今日では、認めがたいように思われる。国家元首は首相と協力して行動し、首相に責任を負わせるか、あるいは単独で行動するとしても国家元首自身に責任を負わせるか、あるいは統制が及ぶようにするべきである。

遅かれ早かれ大統領は憲法裁判所の審査に服することになるだろう。というのもそのような審査は、法治国家の発展の論理の中に位置づけられるからである（以下参照）。憲法5条は大統領に憲法を適用させる役目 soin を与えているが、このことは、大統領のこの役割自体が統制されないことを意味するわけではない。これは、知事には地方公共団体に法律を適用させる任務が与えられているが、知事が地方公共団体による法律の適用の裁判官であることを意味していないのと同様である。

3　憲法裁判の影響力の増大は、立法府としての議会の権限の確保に有利に作用する

コアビタシオンは議会の機能低下のプロセスを促進させたとしばしばいわれている。しかし現実には、このような評価は、微妙であり、控えめなものとならざるをえない。

実際、憲法院は、適用原則を定めるにあたって、立法府に対してはその権限 compétence を十分に活用させる必要性をますます要求して、命令制定権に過度の自由を与えないことを示しながら、立法権限の強化に寄与している。

第一に、憲法院は、憲法34条と37条を包括的に解釈することで、立法府の「水平的」権限を著しく拡大してきた。1982年7月30日の価格凍結に関する判決[48]後は、ここでは論証を繰り返さないが、もはや立法権限を拡大する必要がなくなっている。ともかく、「独立命令」が存在すると主張し続ける人々

---

48) Décision n° 82-143 DC du 30 juillet 1982, *Les grandes décisions*, 4e éd., p. 591.

でさえ、最終的には「法律と命令は共に法源とみなされるので、第五共和制下の状況は以前の政体の下での状況とあまり違わない」と述べ、そして実際、今でも命令事項とみなされるものはもはや4項目しかなく、そのうちのいくつかは1958年以前から命令事項であったことを認めている[49]。すなわち、1987年においてはもはや、立法権が原則で命令制定権が例外であったというルールを1958年第五共和制憲法が覆したと主張することはできないのである[50]。

　第二に、憲法院は、法律の執行によって厳密に命令制定権に帰属する事柄しか命令制定権者には委ねないように立法府に義務づけることで、立法権限を根本的に拡大させた。これは、さまざまな方法でなされている。通常法律については、いわゆる「消極的無権限」に関する判決[51]を発展させることによって、刑法に関しては罪刑法定主義の原則を厳格に適用することによって[52]、そして、既述したように授権法律に対しては、これらの法律が含むべき留保や制限を大幅に増やすことによって、憲法院は立法権限を拡大させた。

　議会権限［すなわち議会の管轄］の確保に関するもう一つの現象が時折示されていたのだが、おそらくそれが議会権限の拡大につながるとはっきり述べるのは矛盾しているように思われたため、このことはこれまで気づかれずにいた。それは、憲法院への申立てが議員たちのなす行為であるという点で、議会の諸権利が強化されていることである。なぜなら、実際、憲法院への申立ては、議会多数派への批判というよりは、政府への批判だと理解されるべきだからである。政府は、議会の権利に反するような、あまり明確ではない、法文や規定を成立させようとするために多数派の忠誠を利用しようとする。議員の申立ては、法律制定に関する権限を議会に返還するよう政府に強いる手段となる。さらに、申立てに先立って行なわれる法的議論やその結果生じる議会多数

---

49)　R. CHAPUS, *Droit administratif général*, 2ᵉ éd., 1986, p. 471.
50)　M. DUVERGER, *op. cit.*, p. 93. Voir en ce sens notre étude précitée (*R.F.D.A.* n° 6, 1987).
51)　Voir *Les grandes décisions*, 4ᵉ éd., pp. 196-197.
52)　*Les grandes décisions*, 4ᵉ éd., p. 491.

派や政府の自制的行動も、同様に、立法議会の復権に有利な要素となる。

　また、フランスにおける合憲性審査の制度の特殊性そのものが、合憲性審査と議会の諸権利との調整を可能にしていることにも注目しておかなければならない。合憲性審査は事前審査としてなされるため、憲法院がある法律規定を無効にしても、その後、立法府は再度法律を制定することができる。望むならば議会自身で法文を修正することも可能である。これに対し、事後的な合憲性審査の制度においては、憲法裁判所自身が解釈により、頻繁に法律が書きかえられることになる。そのため、イタリアの憲法裁判所は共同立法府とみなされている（この議論は後にも検討する）。コアビタシオンの間、とりわけ新聞法やテレビ放送法、また脱国有化法や選挙区画に関する法律に対しても、このメカニズムは作用した。

　<u>立法議会の機能低下という問題は、歴史に照らして、また比較法の見地からも検討されるべき問題である。</u>

　議会の衰退 abaissement とはどの議会と比べてそう判断されるのか、第三共和制や第四共和制の議会と比べてそう判断されるのか。しかしここでは、第三共和制末期と第四共和制の大改革の多くが、デクレ＝ロワの形式で――知られているように、それは現行のオルドナンスよりも議会の権利についてははるかに少なくしか保障していなかった――採択されたことは、忘れられている。さらに今日では、これもよく知られているように、ほとんどの民主主義国家において、法律とは多数派の活動の結果であり、つまり政府の作品である。法律は議会の専権的活動の結果であると無邪気にいわれることがあるが、実際、そのようなことはいずれの国でも行なわれていない[53]。さらに、フランスの制度では、議会立法という手段のために、これ以外のすべての手段（地域的な規範形成

53）　トワネ M.F. TOINET が述べるように、アメリカにおいても「連邦議会は多くの権限を失っており、議会の主要な機能、つまり立法的決定の採択にみられる追従的な態度 suivisme が批判されている」（*Le système politique des Etats-Unis*, PUF, 1987, p. 118)。

第1章 憲法院によって「枠づけられる」コアビタシオン　105

という手段も含めて）は用いられず、法律の委任のあらゆる可能性も実際には退けられている。そのため、最も多くの規範形成を生み出す流れが集中しているので、考えられているような議会による［専権的な］立法をフランスの制度の中に求めるのは一層困難といえる[54]。

　この点はもう少し詳細に検討する必要がある。他の西欧諸国の状況を検討してみると、第一に、規範形成は国家レベルだけに集中していないことがわかる。連邦国家（アメリカ、カナダ、ドイツ、オーストリア等）や準連邦制あるいは州［地域圏］制度をとる国（イタリア、スペイン、ポルトガル）については、規範形成に地域的な法あるいは州における法というような手段が広く採用されており、それだけに、国家レベルの規範形成手段にかかる圧力が少なくなっている。このように規範の淵源を多様化することで、国家レベルにおける法的・政治的な闘争の激しさは緩和されている。これに対しフランスでは、国家レベルの規範形成手段しか用いることができない上に、その手段は唯一、議会立法の手段にかぎられている。第二に、フランスの政治制度は、立法委任手続を最も限定的にしか認めない制度であることがわかる。実際、イタリアやスペインでは、政府が議会の簡単な許可に基づいて、容易に「立法的デクレ décrets-législatifs」（フランスのオルドナンスに相当する）という手段を用いることができる。この立法的デクレは、公布されたときから法律としての効力をもち、憲法裁判所による事後審査の対象となる。しかし、またこれらの二つの国において、政府はさらに「デクレ＝ロワ décrets-lois」すなわち「例外的で緊急の必要性」がある場合には議会による事前の委任なしに法律の効力をもつ行為を定めることができる。もっとも、この「デクレ＝ロワ」は暫定的なものでしかなく、かなり短い期間のうちに議会に付されなければならない。しかし実際には、政府が連続して複数のデクレ＝ロワを定めることはよくあり、しかも、たとえ真の緊急性や例外的状況がなくても用いられている[55]。アメリカでは、立

54）このようなフランスに対し、イギリス、アメリカ、ドイツあるいはイタリアにおいては立法委任がはるかに容易に行なわれることを想起せよ。

55）Cf. G. ZQGREBELSKY, *Il sistema constituzionale delle forti del diritto*, Turin, 1984,

法委任の実行が大きく発展し、知られているように、連邦最高裁判所は「議会拒否権」の手続を違憲とさえ宣言した。つまり過剰な委任を検証したり、それに反対したりする権利を連邦議会に認めなかったのである[56]。イギリスでも、政府は立法委任を広く用いている[57]。

　フランスの制度は、（名高い「独立命令制定権」のおかげで）政府に最も多くの規範形成「能力」を与えていると、第五共和制の初頭においては説明されていたが、その制度が、今日――少なくともコアビタシオンの枠組みにおいては――政府の規範形成の可能性を最も制限するものとなっている。このことは逆説的といえよう。それは、実際、命令という手段をほとんど用いることができず、オルドナンスには多くの障害があり、法律を成立させる手段も大変狭くなっているからである。そしてさらに、（法律事項と命令事項の領域の配分に関する）憲法院とコンセイユ・デタの判例が、法律という手段に過剰な負荷をかけるようになったからである。それは、立法機関が、増え続ける大量の法律事項をもはや吸収できずに「過熱状態」にあると考えられるほどである。

　したがって、議会の立法機能は衰退あるいは弱体化するどころか、議会が発展することでかつてないほどに重要となっている。しかし、逆説的なことであるが、この過剰な「成功」という事実から、法律を起草し採択するプロセスは、わずかな法律しか可決できないほどに複雑で長くなり、そのために、議会は適切にその役割を果すことができなくなったのである。正確にいえば、今日の立法府は、憲法判決もあるゆえにますます多くの領域に介入し、さらに細部の事項に立ち入らなければならない。にもかかわらず、（右派であれ左派であれ）反対派が議事妨害の術策を多用するので、規範の形成は制限される。さらに、この制限は立法委任によって埋め合わせることはできない。例えば、次の事実

---

　　p. 173.
56)　INS v. Chadha, 1983.
57)　「立法府は……常に立法する権限を命令によって付与［委任］できる。議会が望む場合には、議会は命令によって法律の諸規定を修正する権限を大臣に付与することさえできる」(J. A. JOLOWICZ (d.), *Droit anglais*, Précis Dalloz, 1987, p. 56, n° 51)。

にもこのことは示されている。1981 - 82 年にアメリカ連邦議会では 473 本の法律が採択された（1955 - 56 年では 1,028 の法律が採択されていたことから、この数字はアメリカ連邦議会にとっては少ない）[58] が、同じ 2 年間にフランス議会が可決した法律の数はわずか 170 本にすぎない。

　こうしたことから、立法府の機能は衰退しているわけでもその価値が低下しているわけでもない。それどころか、立法府の機能には過剰な価値が与えられている。これが、上で触れた立法機関の「過熱状態」を引き起こすことになっているのである。

4　政権交代の振幅の大きさに対する制約と「中道政府」へ向かう動き

　コアビタシオン期においては政権交代の第 1 期よりもさらに、法的なメカニズムによって政府の変革が「平均化 écrêter」され、変革の振れ幅が制限された。左派が多数派であった当時、彼らの改革案が憲法上保護される権利や自由と対立したため、左派は改革の制限を強いられた。そのため、この多数派の最も強硬な一派はそれを苦々しく思っていた。つまり、政府は支持者の一部から軟弱だと非難されたのである。右派が多数派となった現在、彼らもまた予定していたすべての改革を成功させたわけではない。それは一方では、憲法院による無効判決あるいは無効とされるおそれが右派に改革を断念させたからである。また他方では、大統領が憲法院の判決を巧みに利用して、憲法院による留保を増大させたからである。つまり、国家元首が憲法院の介入という抑止的効果を増大させ、これを利用したために、コアビタシオン期における平均化現象は、おそらく通常の政権交代期よりも強いものとなった。そこでも同様に、自由主義的改革が完全には実現されないことを嘆き、改革目標がこのように制限される理由がわからずに、最も強硬な多数派の構成員が失意を表明した。

　そこで憲法院の審査は、最も急進的な改革を排除することで、「中道主義」の確立に決定的な影響を与えたのではないだろうかと問うことになる。数人の

---

58)　M. F. TOINET, *Le système politique des Etats-Unis,* PUF, 1987.

政治的指導者がこのような疑問を呈した[59]。憲法裁判所がさまざまな政党を徐々に制限していくこの綱領の「平削り rabotage」について、右派でも左派でも、政界全体が容易に認めるかどうかは定かではない。よく知られているように他の西欧民主主義諸国では、政治的な選択がフランスほど反対を受けたり、一刀両断的に解決されたりすることはないが、実のところ、我々フランスはこれらの国々に近づいているのだろう。半自由主義的で（そのため1789年の人権宣言は左派の一部から非難されている）、半社会主義的な（そのため1946年憲法前文は右派の一部から非難されている）憲法の尊重を課すことによって、憲法院は、穏健な民主主義の出現を促している。

したがって、政治生活の裁判化 juridicisation［憲法裁判化］は（ある者にとっては）政治の精彩を失わせ、（他の者にとっては）政治を正常化させることになる。しかし、いずれにせよ、とりわけコアビタシオンの1年が過ぎた今日において、（憲法院による）憲法の新しい適用が政治制度の運用に及ぼしている効果を誰が否定できるであろうか。

---

[59] 例えば、1987年3月13日の研究会におけるジャック・トゥーボン Jacques TOUBON の発言があげられる。

II コアビタシオンと政治制度の重要な要素としての憲法院の確立

　憲法院は、政治制度における重要な要素として政治学の教科書や政治学概論の中では扱われておらず、そもそも憲法院はそれらの教科書にほとんど登場さえしない。憲法学の教科書についていえば、つい最近まで憲法院は経済社会評議会あるいは高等法院と同列に扱われていた。
　しかし最近では、まるでコアビタシオンが政治制度における憲法院の役割を明確にしたかのように、憲法院の重要性が増しつつあると認識されている[60]。上に示したように、コアビタシオンは、実際のところ、憲法院の重要性が証明される契機となった。しかしまたこのコアビタシオン期に、憲法院の役割に関する誤った評価や神話的な説明が復活し、広まっていった。かつてないほどコアビタシオン期においては、フランスのこの新しい制度、つまり憲法裁判についての認識不足が非常に明確な形で明らかとなっている。また、諸外国の制度――これについて知らなければフランスで今おこっていることを理解することはできないのだが――についてもほぼ一般的に、知られていなかった。
　したがって、（統治者がさまざまな形で裁判所にしたがわせられているという）現実について述べる前にまず、（「裁判官政治」という）神話について話さなければならない。

A 「裁判官政治」という神話

1　人々がしばしば信じていることとは反対に、「裁判官政治」という表現は、アメリカでは（その他の国でも）使われておらず、これはフランス特有の表現である

　他方、あるアメリカ人の研究者がこの点について調査した。そして彼がアメ

60）この点は今日、研究者からほぼ全員一致する形で指摘されている。

リカの比較法ジャーナルに発表した研究論文[61]における結論はとても驚くべきものである。というのもそこには「裁判官政治」という神話とその機能について次のように明らかにされたからである。

「裁判官政治」という表現は、エドゥアール・ランベール Edouard LAMBERT の有名な著作『アメリカにおける裁判官政治と社会立法に対する闘い Le Gouvernement des juges et la lutte contre la législation sociale aux Etats-Unis』（1921年）に由来する。先の論文の著者マイケル・デイヴィス Michael DAVIS は、この本の成功が希薄になるにつれて、この表現が広まったと述べている。「裁判官政治」という概念は、アメリカにおける「法の支配 rule of law」の概念とほぼ同じような、象徴的で曖昧な役割をフランスにおいて果した[62]。デイヴィスは、「『裁判官政治』という表現とそこに含まれるさまざまな意味は、フランス人の社会的文化や法的文化の基本的な側面をとてもよく反映している。そのため、この表現は、強力ではあるがうまく定義されない司法権の脅威を想起させる有効な方法として、日常的な語彙の中に取り入れられた」と述べている。フランスの現実にとても造詣の深い別のアメリカ人研究者は、「裁判官政治という神話は、歴史、伝統、裁判所の能力あるいはその権限を理由として、裁判所の活動が不適切な分野にまで介入する場合にフランス人が感じる脅威にすぎない」と述べている[63]。しかし、デイヴィスはさらに、コアビタシオンの期間、とりわけ 1986 年夏の論争に関して興味深いことに次のように評している。まず、「実際には、憲法院の存在が現代の民主主義において必要かつ重要であるとする全員一致の合意が形成されている」。次に、「［憲法院についての］批判は特に、憲法院判決における動機づけ、憲法の中にはない諸原則を憲法院が用

---

61) Michael DAVIS, Government of judges : an historical review, *in American Journal of comparative law,* 1987, vol. 35, pp. 1501-1521.
62) 「アメリカにおいてそれ［裁判官政治］に匹敵するのは法の支配 rule of law である。中核的な概念はほとんど不明確なままであるが、多様な法的議論や政治的議論に基づき、そのように概念的に整理される」（DAVIS, *op. cit.*）。
63) Georg BERMANN, cité par M. DAVIS.

いることに対して提示されている」。さらに彼は、批判の主な主張は単に、憲法院が「法律の一覧表 tables de la loi」にとどめておくことを望んでいるだけだと指摘し、「この批判の最も興味深い点は、この批判のアプローチがアメリカの法批判主義［批判法学］legal criticism にみられるアプローチと見事に似ていることである」と付け加えている。なぜなら、「結局、1986年夏のときの裁判官政治が意味することと、アメリカの不満分子が許容できないと思っていることが類似している」と思われるからである。これは明らかに、「解釈主義者 interpretivists」と「非解釈主義者 non interpretivists」が対立するアメリカの議論を指している。前者は、建国の父たちの本来の意思に回帰することを望み、他方、後者は法文の文面にとどまることはできないと考える[64]。アメリカの雑誌ディアローグ Dialogue の最新号にはこの論争がよく示されている[65]。そこには、雑誌ヒューマニティ Humanities に掲載された対立的な二つの論文の要約がフランス語で掲載されており、これらの論文の著者について「アメリカ憲法学における最も傑出した2人の専門家、裁判官ロバート・H・ボーク Robert H. BORK とハーバード大学教授ローレンス・H・トライブ Lawrence H. TRIBE」とある。これらの論文記事の冒頭には、「ここ2年の間に、この議論は法廷や法学部の大講義室から飛び出し、アメリカ主要紙の第一面を飾るまでになった」とある。このことは1986年にフランスでおきたことと似てはいるが、次の点で異なる。アメリカでは司法長官エドウィン・ミース Edwin MEESE が、連邦最高裁判所裁判官及びすべての連邦裁判所裁判官に対し、「憲章の諸規定をその本来の意味に戻し、その本来的な意味を、判決を下す際に信頼するにたる唯一の指針とするよう努めることを奨励した」が、これに対する抵抗はおきなかった。これに対しフランスでは、司法長官に相当する法務大臣がこれと似た発言をし、反対派と一部の学者の怒りを買っている。彼らは、「政府による敵意に満ちた宣伝活動である」と告発するか、少なくともこれを無礼であるとみなした。アメリカでは先の発言が、連邦最高裁判所のいくつか

---

64) Cf. A ce sujet l'ouvrage classique de J.H. ELY, *Democracy and distruct*, 1980, p. 1.
65) *Dialogue*, n° 75, janvier 1987, pp. 28 et s.

の判決に対する非常に明確な批判と捉えられたが、誰も司法長官を批判しようとは思いもしなかった[66]。他方フランスでは、法務大臣は、憲法院判決を問題にしたわけではなかったとしても、そのような発言をする権利があると認識されてはいなかった。しかしこれは、憲法裁判に対する批判への反応というフランス特有の性質を示している。というのも、ドイツにおいても、またイタリアにおいても、こうしたようなことはおきていないからである。

　以上のことを考えれば、コアビタシオン期に生じた憲法院の役割に関する議論を一層よく理解することができる。

2　今日の「裁判官政治」の概念に含まれるもの

　先の論考でマイケル・デイヴィスが述べているように、「裁判官政治」の意味には変遷がみられる。

a)　「裁判官政治」という概念は長い間、立法府に対するあらゆる形態の裁判による統制に対する敵意をあらわしていた。というのも、議会主権の論理に照らして非民主的で正当性がないと考えられたからである。

　今日、議会主権の論理は、くりかえし述べることはしないが、憲法裁判の正当性が確立したという理由から、かなり時代遅れのものとなった[67]。

　元来の意味での「裁判官政治」という表現が最後にあらわれたのは、1981年から82年にかけて左派の共産党と社会党の議員数人が行なった憲法院批判であり、次の有名な文章に象徴的に示されている。「あなた方は法的に間違っている。なぜならばあなた方は政治的に少数派だからである」[68]。これは憲法裁判そのもの及び憲法院という制度を問題視するものであった。1987年3月

---

66)　ミースはE. MEESE は被疑者の権利に関するミランダ対アリゾナ州事件の判決を「不快」と評している（voir M.F. TOINET, *op. cit.*, p. 380)。

67)　Voir, FAVOREU et JOLOWICZ (éd.), *Le contrôle juridictionnel des lois. Légitimité, effectivité et développements récents* (colloque d'Uppsala), PUAM et Economica, 1986.

68)　Voir, ces contestations in *Nationalisations et Constitution*, Economica, PUAM, 1982.

13日のフランス憲法学会研究大会において確認されたコンセンサスが示していたように[69]、この文章はすでに過去のものとなった。

　政界においても学界においてもこの新しい傾向を受け入れがたいとする者がまだいるが、しかし彼らは明らかに少数派である。

　彼らは、第三共和制や第四共和制のときのように、議会の意思は一般意思の表明であるとして議論の余地がないものだと考えている。しかし問題は、議会の意思とは何かということである。第五共和制における議会の意思とは、以前よりもはるかに強い多数派の意思なのである。

b)　コアビタシオン期に明らかにされたように、「裁判官政治」という神話の援用には、今日、憲法裁判に対する異議がより発展した形で含まれている。

　ここで、主に問題とされるのは、憲法裁判の原理そのものや憲法院の構成ではなく、法の創造における［憲法院という］上級裁判所の役割である。この点については、ある意味、行政裁判所による法の創造に関する論争が思い出される。この論争に関しても、デイヴィスが再度的確に指摘しているが、この有名な「裁判官政治」について言及していた[70]。

　憲法裁判に対する異議は、まず、憲法院を政治的機関とみなし、また多くの場合これを「第三の議院」とみなし、裁判所としての性格を否定するという最も単純な形をとる。この形の異議には多少、元来の異議の痕跡がみられる。裁判所としての性格を問題とする憲法院に対する非難は専ら「フランス特有の」基準に基づいたものであり、そこでは、比較法の世界や、憲法院が通常裁判所とは明らかに異なる憲法裁判所の系列に属することなど少しも考慮されていない。驚くべきことは次の点である。憲法院の裁判所的ではない性格を証明するために、人はよく知っていると思っている唯一の外国事例（神話的なアメリカの連邦最高裁判所）に依拠して説明しようとし、その近似している点や誤ってい

---

69)　Voir, *Le Figaro* du 14-15 mars 1987 ; et aussi *Le Monde* du 15-16 mars 1987.

70)　J. RIVERO, Le juge administratif français, un juge qui gouverne ?, *D*. 1951, chron. p. 6.

る点を探そうとする。しかし、憲法院の裁判所としての性格を否定すると思われる相違点が、多くの場合、類似点であることが確認されるのである[71]。

いずれにせよそのような批判の目的は、憲法院は、裁判所でもないのに、何らの正当性もないまま法を創造する機関であり、議会と競合していることを示すところにある。

したがってこの考えは、裁判官がもはやいないにもかかわらず「裁判官政治」が存在するという矛盾に陥っている。

同様に、憲法院を必ずしも議会の議院と同一視するわけではないが、憲法院の異常性を明らかにするために、憲法院をより巧妙な形で立法過程の中に取り込もうとし、やはり裁判所としての性格を否定することも試みられている。このような論証の仕方は、以前の期間よりもコアビタシオン期に頻発に下されていた留保付き合憲判決[72]を根拠にすることができたため、1986年3月以降ある程度の支持をえている。

c) 最もよく練られた形での「裁判官政治」の主張は、憲法院が用いる憲法上の参照規範を問題にすることである。憲法裁判所は、不明確な内容の規定や原則を適用することにもなるため、法律の効力に関する非常に広範な評価権限が与えられているという批判である。この点は、上記のアメリカの論争と通じるところがある。

先に検討した通り[73]、この批判をすべて否定するべきではない。このような批判に激しく憤る人々は、この批判があてはまらないと思う以上に、含みのある現実に一層注意を払うべきである。

---

71) 次の論文に明確に示されている。M. DAVIS, The law politic distinction, the french Conseil constitutionnel, and the U.S. Supreme Court, *The American Journal of comparative law*, 1986, pp. 45-92.

72) 留保付合憲判決については次を参照。Louis FAVOREU La décision de constitutionnalité, *R.I.D.C.*, 1986, p. 611 ; et à la communication de F. MODERNE, à la Journée d'études du 13 mars 1987.

73) Les normes de référence, colloque A.F.C., 13 mars 1987.

第1章 憲法院によって「枠づけられる」コアビタシオン　*115*

　実際、参照規範のカテゴリーは数年前に比べむしろ少なくなっている。結果的に、話題にのぼった「曖昧なあるいは変幻自在で都合よく使える」[74]諸原則は参照規範としてはほとんど使われておらず、それらが無効判決の根拠として援用される例はさらに少ない（せいぜい事例の約5％である）[75]。それでも、別のところで私が述べたように[76]さまざまな現象の結果、憲法上の参照規範の「加重化 alourdissement」がみられることは事実であり、合憲性ブロックがますます改革のための立法という手段に影響を与えている。

　曖昧な部分を明確化するために憲法規定を改正することができるとする考えは、おそらく論拠にとぼしい。というのも、憲法改正が可能だとしても、これに大きな効果はないと思われるからである。実際、権利宣言が最も詳細に定められている国ほど、憲法裁判所に最も多くの権限が認められている。しかし、合憲性ブロックが次第に加重化していることについて議論をはじめることは十分に考えられる。それは、上でみたように、コアビタシオン期においてこのことがすでにいくつかの問題を提起しているからである。

　憲法院の諸判決が法的適切性 pertinence を有しているかどうかを議論することも十分に考えられる。憲法裁判制度を備える国々において、この点で激しい批判がなされることは珍しくないからである。しかしながらこうした議論は、長い間障害となっていた神話を払拭した上で、比較法によって十分な解明を行い、憲法院判決についての深い見識に基づいてなされることが重要である。

B　さまざまな形で裁判所にしたがわされている統治者の現実

　コアビタシオン期に、憲法裁判及び立法府の法規範への従属が——私が思う

---

74)　Selon l'expression de D. LOSCHAK, in *Pouvoirs*, n° 13, pp. 36 et s.

75)　Voir, tableaux statistiques in *R.D.P.*, n° 2 1987, p. 445 [Louis FAVOREU, Les cent premières annulations pronorcées par le Conseil constitutionnel の中にかなり詳しい分析の表がのっている].

76)　Communication précitée.

に、決定的な形で——受け入れられている。共産党も含めてすべての政党がこの状況を認めている。ちなみに共産党は憲法院を認めてはいないが、他の形態の憲法裁判を推奨している[77]。いずれにせよ、事実として、与党連合（フランス民主連合と共和国連合を一方［首相と議会の多数派］とし、社会党を他方［大統領の支持基盤］とする）が、現状の憲法裁判制度について同意していることは重要である。

しかしながら、コアビタシオン期にすべての問題が解決したわけではない。すなわち、二つの不明確ではあるが重要な点が残されている。一つは憲法院が果す憲法の番人としての任務の排他性について、もう一つは憲法院の裁定者arbitreとしての役割についてである。

1　唯一の裁定者しか存在することはできない

1986年3月以降、国家元首は憲法の尊重を監視することが自らの権限としてあることをくりかえし明言している。ときには、彼は憲法の解釈さえ行なった。しかし、法治国家においては裁判機関のみが憲法の真正な解釈を行なうものであるから、このような大統領の行動は厄介な難しい状況を生じさせることになる。

a)　確かに憲法5条は大統領に「憲法の尊重を監視」する役割を与えているが、これは単に、大統領が憲法を適用させなければならないこと、そして彼が憲法の適用の保証者であることを意味するにすぎない。権力分立概念から逸脱するため、大統領には、裁判所が行なうような憲法を解釈する任務は与えられていない。大統領は憲法裁判所に付託することで、憲法を尊重させることができるが、憲法の解釈に関する衝突を自らが裁定することはできない。そうでなければ、大統領は執行機関としての役割から逸脱することになる。憲法の政治的な番人である大統領は、裁判における憲法の番人に服さなければならない。

---

[77]　Voir, Journée d'étude (précitée) du 13 mars 1987.

そもそも「憲法院判決は公権力を拘束する」と定める憲法62条が大統領にそのことを義務づけている。

　左派は、憲法院に対する示唆的な評価を継続して行なってきた。例えば、政権交代の第1期には、この期間にみられた法治国家としての発展を称賛したが、憲法院がその実現に貢献したことはほとんど考慮していなかった。コアビタシオン期において憲法院の破壊的な役割が想起されるまでになると[78]、逆に、法治国家を強化する上で憲法院が果す役割を強調し、憲法院を賛美するようになった。しかし、彼らは、特に国家元首の行為を裁判所の統制に服させる方法で、法治国家の当然の帰結を国家元首にも及ぼすことまでは、議論しなかった。それはおそらく、憲法5条が大統領に付与している例外的な特権が作動する時点で、外見上、法治国家は停止するからである。その究極のところが、大統領に関するル・モンド紙の特集記事の一つで述べられている。この記事の題は「建言権 droit de remontrance」［訳注：アンシャン・レジーム下において勅令等の不都合に対し高等法院が行なった国王に対する助言を意味し、ここでは比喩的に用いられている][79]であるが、ここでは大統領が行使する「建言権」を意味する。

　　「大統領の建言権もまた憲法に由来する。大統領は憲法の番人であるが、<u>憲法院はそうではない。この点で憲法院を憲法の番人と呼ぶのは偽りである</u>。国家元首の職務 fonction は道徳的領域のものであるが、憲法院のそれは完全に日常的で専門的である。つまり前者の任務は象徴であり、<u>後者の任務は判決を下すことであり、判決は本質的に議論の余地があるものである</u>[80]。この序列はおのずと決められる」。

---

78) L'Etat et la démocratie, *La documentation française*, 1986, p. 80.
79) *Le Monde, Dossiers et documents*, mai 1987. (Ph. BOUCHER).
80) したがって国家元首の任務は議論の余地がないことになる。下線は筆者によるものである。

ここにすべて、あるいはほとんどがいい尽くされている。この斬新な序列化の正当性は示されていないが、また次のようにも述べられている。

> 「憲法が大統領の権限について何よりもまず明らかにしているのは、その権限の性格である。これに対し、憲法は、憲法院の組織や機能については定めるが、それがどのようなものかについては全く述べていない」[81]。

ここに示したように、これこそが憲法が何もいわない理由である。フランスにおける憲法裁判所と一執行権者との関係がこのように描かれることに、ドイツやイタリア、アメリカの法学者は驚くことだろう。まるで、護憲元老院の役割と国家元首に対する護憲元老院の位置づけについて、自らの考えをシエイエスに説明するナポレオンの声が聞こえてくるかのようである。

b) 実をいえば、大統領と憲法裁判所のそれぞれの位置づけをこのように論じることに同意するフランスの法学者はほとんどいない。おそらく第五共和制初期においてはこのように説明されていたとしても、今日では権力分立概念や憲法院が1959年以来判例を通じて強調してきた機能とこの説明は完全に矛盾する[82]。つまり、大統領は裁判官になると同時に訴訟当事者になることはできない。憲法の適用と憲法の真正な解釈の提示を同時に行なうことはできないのである。

憲法5条についての権威ある評釈者がこれを完璧に説明している[83]。

> 「憲法の精神を維持するという大統領の理由で、彼がその固有の権限を

---

81) ここでの強調は原文のまま。
82) 再度次の参考文献をあげる。B. NEUBORNE (New York University Law review, vol. 57, June 1982, number 3, pp. 363-442). ここには、憲法院がどのようにして厳格に権力分立を保障するにいたったかが見事に示されている。
83) *Op. cit.*, pp. 55-56.

行使する、あるいはそれを使わないと決定する場合、大統領は憲法を解釈しているのではなく、適用しているのである。そして、曖昧あるいは不明確なために彼が与えるべき解釈に対立がある場合には、大統領による憲法解釈が優位するという権限が認められなければならない。しかし通常は、憲法院が憲法の法的解釈［裁判における解釈］を示す任務を負っている。……黙示的な権限の存在に依拠することがなければ、大統領の法的解釈の権限を認めることはできないであろう。また、大統領の解釈権限の承認が、憲法5条の最初の文章から明確に導き出されるとも思えない［訳注：5条は「共和国大統領は、憲法の尊重を監視する。共和国大統領はその裁定 arbitrage によって、公権力の適正な運営と国家の継続性を確保する。」となっていた。なお、同条2項は1995年の改正により挿入された］。他方で、大統領の解釈権限を認めると、同じ人間が同時に裁判官にも当事者にもなることから、重大な支障を示すことになる。憲法改正によって憲法院の権限を拡大し、この憲法上の空白を埋めることが望ましい」。

また、モーリス・デュヴェルジェ Maurice DUVERGER も「コアビタシオンのバイブル Bréviaire de la cohabitation」の中で、次のように明確に述べている。「憲法院が憲法の解釈権限を有するすべての領域において、大統領が自ら憲法の意味を定めることはできない。つまり、大統領は憲法院への付託権を行使することしかできない。そして憲法院の解釈は、国家元首も含めすべての公権力を判決としての価値をもって拘束する」[84]。

大統領制の専門家であるジャン・マソ Jean MASSOT の見解は、デュヴェルジェよりさらに断定的である。彼は次のように述べる。大統領には憲法を解釈する権限は全くない。なぜなら、憲法5条の最初の文章は二つの明確な権限、つまり憲法院構成員の任命権と憲法裁判所への付託権しか定めていないからである。この後者のしくみは、法治国家における権力分立の定義に合致するもの

---

84) La Présidence de la République en France (1965-1985), *La documentation française*, 1986, p. 150.

である。もっともデュヴェルジェは、憲法院に権限がない場合、大統領が解釈権を取り戻すと論じてはいる、しかし、まず、そのような場合は、コンセイユ・デタに権限があると思われる[85]。そしてその場合、国家元首はその判断にしたがわなければならないと指摘できる。またデュヴェルジェは、再審議請求権に関する 1985 年 8 月 23 日の判決［85-197DC］[86]で憲法院が行なったように、国家元首の行為に対する憲法院の統制が拡大することも的確に考察している。「……憲法院は、国家元首の権限の統制に向けて記すに値する一歩を踏み出した。例えば臨時会期などの他の分野についても、やがて、憲法院は審査を行なうようになるだろう……」[87]。この点については、憲法院は 1981 年 10 月 30 日の判決［81-130DC］においてすでに臨時会期の召集の適法性について検討をはじめたことがあげられる。

したがって、憲法の改正がなくても、憲法裁判所が次第に大統領の行為を統制することがありえないわけではない。このような統制によって憲法院は、ドイツやイタリアの憲法裁判所のような真の裁定者となるだろう。

2 憲法院は（コアビタシオン期における）真の裁定者ではない

憲法院が真の裁定者ではないことをコアビタシオンは明らかにした。なぜなら、憲法院は政治的駆け引きを行なうアクターのいくつかしか統制できないからである。つまり憲法院は、議会と間接的にではあるが政府とを、法規範の尊重に服させたが、大統領に対してはそうではなかった。

a）その理由は、よく知られているように、大統領を統制する手続あるいは訴訟手段が定められていないからである。

ドイツやイタリアでは、憲法解釈に関する政治機関の間の紛争を、当事者機

---

85) 国家元首によるすべての行為が、統治行為となるわけではない。
86) *Les grandes décisions du Conseil constitutionnel*, 4ᵉ éd., n° 43.
87) M. DUVERGER, *op. cit.*, p. 58.

関の一方からの付託を受けた憲法裁判所が裁く手続が存在する[88]。もしフランスで、このような権限が首相に認められているならば、おそらく首相は、多数派の発議に対し大統領が行なったさまざまな拒否権の行使や拒絶について憲法院に裁定させるために、この権限を使ったことであろう。

しかし、憲法裁判所による統制を次第に拡大することで、これと同じような状況を実現することは可能である。その統制の拡大は、法治国家の論理が発展することで必然的に生じるであろう。

フランスでは、法治国家が十分に実現されていると当然にいうことはできない。同時に、裁判所により保障されている法規範の尊重を統治者の1人が免れていることを当然のこととして認めることもできない。憲法院は1985年8月23日判決において、議会は「憲法を尊重する場合にはじめて一般意思を表明する」と厳粛に宣言しているが、このことは、もう1人の人民の代表である大統領にもあてはまることである[89]。国家元首に対し憲法院が突きつける「否認désaveu」に関する最近の著書の中で、このことをデュヴェルジェは、次のように認識している。「……大統領と同様に普通選挙で選出される国民議会が憲法院によって否認されるよりも、憲法院によって大統領が否認されることの方が衝撃的だということはないだろう。法治国家は、国家代表の資格をもつ者も含め、すべての公権力が憲法を尊重することを要求しているのである」[90]。このために、国家元首が憲法院判決の既判力を無視することは許されない。大統領は、1986年7月、9月、12月の3回、オルドナンスへの署名を拒否して既判力を無視している。実際に、大統領がこのように3回オルドナンスを拒否して、議会のみが立法しうると主張したのは、オルドナンスで扱われている問題を考慮したからであった。すなわち、民営化に関するオルドナンスについては判断するには難しすぎる問題だとして、選挙区画に関するオルドナンスについては共和主義的伝統が議会権限によることを要請しているとして、労働時間の

88) Cf. L. FAVOREU, *Les Cours constitutionnelles*, p. 52 (RFA) et p. 72 (Italie), *op. cit.*
89) Voir en ce sens notre article in *Le Monde* du 18 août 1986, reproduit *infra* p. 117.
90) Maurice DUVERGER, *Le système politique français*, PUF, 1986, p. 638.

調整に関するオルドナンスについては「社会の団結は国民の団結を促す」として、それぞれこのような理由から署名を拒否している。しかし、国家元首がオルドナンスの署名を拒むことができるとしても[91]、いかなる理由によっても拒否できるというわけではない。とりわけ憲法院の既判事項に反する理由をあげて拒否することはできない。3 回とも、憲法院はオルドナンスの手続に訴えることが可能であると明示的に認め、審査された法律は審署された。したがって、大統領は、憲法院が合憲と判断した通りに法律を適用しなければならない。そして、オルドナンスが扱う事項を考慮してオルドナンスという手段が違憲とされたと考えるべきではない。

b) その上、制度的な論理がそこにはある。すなわち、大統領が統制されずにいるのに、議会が過剰に統制されるというのは認めがたい[92]。1987 年 1 月 23 日の判決［86-225DC］の後に両議院の議長が示した反応はそれを示している[93]。

さらに、反対派の構成要素の一つである大統領があらゆる法的統制を免れ、かつ政治責任も全く問われないかぎり、多数派と反対派の間にも不均衡が存在する。

必然的に憲法院はこの不均衡を回復するようになるだろう。というのも、そうでなければ、憲法院は政治的駆け引きを行なうアクターの一方を不利に扱っているとみられるからである。したがって、たとえ今のところは憲法院が、ヨーロッパ諸国の憲法裁判所が行なうように、政治制度全体の適正な活動の統制者あるいはその保証者としての役割を——少なくとも政権交代の間は——十分に果していないとしても、今はおそらくそのための移行期間なのだろう。そして、コアビタシオン期はおそらく、現在の大統領によりとられた行動を事実上縮減するにいたる過渡期といえよう。

---

91) この点は憲法裁判所によって一度も裁かれたことがない。
92) 本書 127 頁以下参照。
93) 本書 140 頁以下参照。

＊
　　　　　　　＊　＊

　結論として考察、もしくは疑問を2点述べる。
　第一には、憲法院が存在していなかったならばコアビタシオンはどのように経過しただろうかという点である。
　憲法院が存在していなかったならば、まず政府は、憲法院の制約を全く受けることなくオルドナンスの手段を用いることができたであろう。おそらく大統領は、そのうちのいくつかを阻止することができたであろう。しかし、大統領は、憲法院判決に依拠することも、拒否権あるいは妨害権を行使することもできないため、憲法院が実際に行なったようには、政府の行動を制限することはできなかったであろう。
　実際のところ、政府がオルドナンスの手段に訴える利益があったのであろうか。この点は定かではない。なぜなら、憲法院が存在していなかったなら、政府は法律制定という手段を自由に使うことができ、憲法院による違憲判決をおそれることなく政府は自らが望むすべての法律を成立させることができただろうからである。法律の手段をとることで、憲法院のかわりにオルドナンスに関して統制するコンセイユ・デタによるあらゆる審査をも回避することができたであろう。
　そこで、憲法院がなければ、政権交代期の政治ははるかに粗暴なものとなったと思われるし、大統領は、いくつかの法律への審署を拒否する以外、大したことはできなかっただろう。しかしその場合にも政治的な危機が生じるリスクはあると思われる。政府とその多数派は、憲法院が存在しなければ統制を受けない。そのため、おそらくは一定の限界を越えてしまい、そのことが世論の何らかの反応を惹起することになったかもしれない。いずれにせよ確かなことは、憲法院が存在しなければ、憲法はもはやこれほどの重要性をもたなかったであろうということである。

第二には、憲法院そのものについて論じなければならないという点である。現実に憲法院がいたるところに影響力をもっている omniprésent ようにみえるが、それは、憲法が、いたるところで伝統的な法 droit classique と呼ばれるものにとってかわろうとしているからである。いまや憲法判例は、政治機関の活動や現実の政治生活を理解する上で不可欠な要素となった。したがって、あとはそれについて論じはじめるだけである……。

図表 2-5　憲法院に付託された法律

年	採択された法律数 1	憲法院に付託された法律数 2	憲法院に付託された法律の割合(%) 2/1	単なる合憲	留保付き合憲	部分違憲	全部違憲	職権による判決
1981-82	52 *	12	23%	4(33%)	3(25%)	5(41.5%)		
1986-87	46 *	16	35%	2(12.5%)	9(56%)	8(50%)	1(7%)	4(25%)

＊　条約承認に関わる法律は含まれていない。

第2章　コアビタシオン期における憲法院と公権力

　セガンの修正という出来事から、すでに議会のコントロールはそれほど強いものではないことはわかっていたのだが、1986年にいくつかのオルドナンスの署名が断わられる結果になったことで、明らかに、大統領が「コントロールされない」で行動することができていたことが知られるようになった。コアビタシオンの現状から浮き出てくるコントラストは、新聞におけるコメントやインタヴューを通じて興味深いものとなっている。

　モーリス・デュベルジェは最近の著作（『フランス人のコアビタシオン La cohabitation des Français』PUF, 1989, p. 127）の中で次のようにこうした分析について批判している。

　　「まじめな法律家は、どのように『コントロールされる議会とコントロールされない大統領』以外の論文の題名をつけることができたのか。美しい表現ではあるが偽りである。というのも、大統領のデクレは、訴訟や抗弁の方法によってすべての裁判所において攻撃可能なものだからである。議会のコントロールと同等であるためには、市民は、コンセイユ・デタに大統領のデクレを付託することができるように、憲法に反していると思う法律を憲法院に付託することができる必要がある。市民は、多くのヨーロッパの民主的な国家においてそのような権利をもっている。しかし、我が国にはそれが認められていない」。

　すべての法律家は、大統領の主たるデクレ（議会の召集、国民議会の解散、国民議会議員総選挙のための選挙民への要請、オルドナンスへの署名・不署名、国民投票［レファレンダム］の付託権など）は、政府の行為であることを知っているが、これらをどのようにして「大統領のデクレは、訴訟や抗弁の方法によってすべての裁判所において攻撃可能なもの」であるといえるのか。すなわち、すべての

裁判所において訴訟の対象とならない行為なのではないか、ということである。そこで私の方からはむしろ、大統領の行為のコントロールと議会の行為のコントロールは同等ではない、といいたい。すなわち「美しい表現ではあるが偽りである」と。

　その上、私と意見を一にする他の法律家もいる。雑誌プーヴォワール *Pouvoirs* の 41 号（1987 年 5 月）は、「共和国大統領」についての特集であったが、この編者は次のように述べている。「大統領が（既述したように）このような逸脱をすることが可能であるほど、憲法の尊重を義務づけられていないということが通常といえるのか。憲法院が議会を占めている国民の代表者の決定を常に強くコントロールしているというのに、大統領の行為についての直接的な法的なすべてのコントロールの欠如があることに対してまだ弁護できるのか。法の尊重に拘束されている立法府と、思い通りにふるまう大統領との間に不均衡が生じている」(Ph. ARDANT, p. 52)。

　結局、モーリス・デュベルジェ（*op. cit.,* p. 244, note 91）あるいはジャック・フルニエ Jacques FOURNIER（『政府の仕事 Le travail gouvernemental』Paris, 1987, p. 62, note 1）が示しているように、概略的に大統領のなすオルドナンスの署名の義務の賛同者の中に私は分類されるが、引用された論文（Le Monde, 22 juillet 1986、後述 p. 127）の中で私は、署名する義務を確立されたものと仮定し、単に署名することを断ることの動機 motivation を批判しているのである。それは同一のことではない。ミッシェル・トロペール Michel TROPER はその意味でまちがってはいない。というのも、1986 年夏の論争の立役者の中に私を入れていないからだ（「オルドナンスの署名、矛盾する役割 La signature des ordonnances, fonction d'une controverse」Pouvoirs, n° 41, p. 74 et s.）。

I　コントロールされない大統領[1]

　1986年7月14日の共和国大統領が表明した最初のオルドナンスへの署名の拒否は一定の根拠をもつが、そこには、私の考えでは、二つのタイプの意見がみられる。

A　オルドナンスの署名の拒否と憲法院の既判力の尊重

　我々は次なることを支持しないし、その反対も支持しない。共和国大統領は、国家の独立の保証者の役割を援用することはできないし、憲法の同一の条文に含まれている条約の尊重の保証者としての役割を忘れることもできない。

　また1986年6月25-26日の憲法院の判決［86-207DC］の判決理由59を援用することはできないし、「オルドナンスは憲法55条を無視して、フランスの国際的義務に反することはできない」という文言の判決理由24を忘れることもできない。

　この点から、国家の独立を保全する必要のために、大統領が宣言するところの一節と矛盾する特に重要なものとして次のことがあげられる。「その規則にしたがって域内自由市場を有しているヨーロッパ共同体の内部で特に、私的市場に委ねられているなら、どのようにこれを尊重させるのか……」。

　結局、大統領の論拠は次のように要約されよう。

・オルドナンスには、（憲法38条に適合する）政府により講じることのできるオルドナンスと（経済的もしくは戦略的な）重要性を配慮されることのできないオルドナンスとがあることを識別しなければならない。

・後者のオルドナンスは、議会によって採択される。

・後者のオルドナンスは、法律の形の下で採択されるや否や国家的利益の保

---

1) 「矛盾 contradictions」というタイトルで次のル・モンド紙に掲載されたものである。*Le Monde* du 22 juillet 1986.［第2部第2章における注は監訳者の方で便宜上通し番号をつけ、引用の仕方も統一した。］

全はもはや共和国大統領にとっての問題ではなく（憲法院に付託されることもなく、あるいは議会での新しい審議が求められることもなく）、大統領は法律に審署することになる。

このような論拠は、明らかに憲法と矛盾し、憲法院により表明された憲法の解釈とも矛盾するものである。二つのタイプのオルドナンスに分けることは、憲法38条に反している。憲法院が1986年6月25‐26日判決で強調しているように、形態が尊重されるのである以上、政府はあらゆる領域においてこうした手続に訴えることができる。すなわち唯一の制限が組織法律に関する事項である (Décision n° 82-134 DC du 5 janvier 1982)。

憲法院はこのような場合において、38条の手続の活用を憲法に適合していると判示している。大統領には憲法を無視することなくまた既判力を損ねることなく、唯一、法律化する道だけが開かれているといえる。

コンセイユ・デタや憲法院の「意見」を法律の中に統合する必要性についての論拠は、いくつかの東欧諸国で行なわれている制度とは異なって、フランスの合憲性審査の論理に適合しない。というのもフランスでは議会が自ら法律を修正するということは要求されていないからである。このような推論にしたがうと、審署の前に憲法院により「修正された rectifiées」あらゆる法律が議会において通過させられることになる。このことはユーゴスラビア、ハンガリー、ポーランドのモデルには合致するが、フランスの型には合わないものである。

（大統領が望むところの）国家的利益の保全と（共同体委員会が望むところの）国際協約の尊重を調整することは可能なのか。そこには「策略 piège」はないのか。

大統領がオルドナンスによる道を閉ざしたのは、立法による道を用いて通すことを多数派に強いるためと想像できる。立法への道は、財産や資本の自由流通に関する共同体規範を尊重していないことで憲法院により制裁されるので、政府に策略 traquenard を企てることを唯一許すものともなる。新聞も次のように報道する。「法律に訴えることが大統領の暗礁 écueil を避けることを許すとしても、また複雑な他の危険も存在する。ローマ条約は共同体のさまざまな

関係を支配している。(*Libération,* 16 juillet 1985, p. 9)」

　そのことは除外されないし、策動は存在する。その策動は、オルドナンスの方法を政府に利用させることの拒否が違憲な性格をもつことをより明らかにさせる。憲法院はすでに、オルドナンスに頼ることがその独自のコントロールを遠ざけることになるとしても、それは本質的に授権法律を違憲とすることにはならない、と判断している。

　しかし特に次なることを憲法院は想定している。

　• 条約への法律の適合性を憲法院はコントロールできない（人口妊娠中絶に関する1975年1月15日判決）という確立した判例を覆すことになる。とりわけ判例変更に好意的でない状況の中でそれは多分ありえない。

　• さらに、自らの1986年6月25‐26日判決を問題にすることになる。それによれば、明らかに、外国人による入手という点で明白に宣言された制限ともなって民間への65企業の移転の有効性を認めるものである。

B　オルドナンスへの署名の拒否と規範形成手続についての結果[2]

　7月14日に表明された民営化のオルドナンスへの署名の拒否により、大統領は、1984年の夏の国民投票に関する事件のときのように、それぞれが真にその内容と射程を予測したかどうかは確かではないが、大統領は連鎖反応を開始させた。

1　1984年におけるように、法と政治との関係の本質的な変化を十分に理解したのではない、という事実に基づいている。その変化はここ数年の間に起きたものである。主に憲法院の判決の影響で政治生活は「実定法化 juridicisée」される傾向にある［訳注：juridicisée は訳しにくい言葉であるが、それまでフ

---

2) この部分は、部分的に「憲法の賢人 sage constitutionnel とコアビタシオン」と題する次のル・モンド紙に掲載された文章を用いている。*Le Monde* du 18 août 1987. ［ここでファヴォルーは、賢人とせずに単なる憲法裁判官 juge constitutionnel とすべきだったと述べている。賢人とは憲法院評定官の別称である。］

ランスの憲法学は政治学に近い所にあったが、憲法院の判決の影響で、法律学としての意識が高まり、さらに憲法規範の裁判規範としての認識も高まり、実定法としての側面が認識されるようになり、これにともない、政治生活も法律的・裁判的側面からとらえられるようになったことをさす]。すなわち政治生活は徐々に法規範の尊重の下におかれているということである。これは第三共和制や第四共和制の下で、憲法が強制力をもっていなかったこととは異なる状況である。1958年以前は、第五共和制におけるような、安定的で継続的な、社会を変革する法文を採択する余地をもつ多数派は存在していなかった。また急激な政権交代によって政治方針の変化を示すということもなかった。憲法裁判が存在する多くの国と同様に、憲法裁判はその変化の大きさを減じながら、政治的変化や政権交代の調整をはかる。それは1981年の場合がそうだったように、1986年においてもフランスで立証されることとなった。

　しかしながら、政治家であろうが学説を唱える研究者であろうが、その進展に彼らの気づかない違いがある。全く新しい多数派が企てる改革は、次なる四つの方法のうちの一つをとらなければならない。政府の命令（もしくはデクレ）、通常法律、組織法律、憲法的法律［憲法改正］のいずれかである。しかし、新しい多数派はこれらの四つの方法を利用する可能性はない。例えば1981年から1986年にかけては、左派多数派にとっては最初の二つの方法が開かれていたにすぎなかった。合意形成の点で四番目の方法はとることができず、三番目の方法も困難であった。1986年には右派多数派は三番目までの方法をとることができたが、四番目の憲法改正は無理であった。事実、コンセイユ・デタと憲法院の一致した解釈を理由として、命令を使う方法は徐々に減り、通常法律が改革の通常の道具となった。立法に誘導することが、それぞれの新しい多数派が通常用いるほぼ義務的な通過の場となってくる。しかし、同時にこうした義務的な誘導をしようとしても、徐々に多くなってきている憲法的価値を有する原則や規範の尊重を立法府に課すことで、憲法判例の影響の下で道は狭くなっているのである。憲法的価値の尊重は今日まで強くなっているが、憲法院はそこに国際規範を追加してはいない。政権交代したときには新しい多数派はさ

らに狭い道を通らなければならない。新しい多数派は、自らが反対派であったときに憲法院に付託することでさらにその道を狭くすることに貢献することになったからである。現在の多数派は、その前の多数派よりもより狭い道を通って改革をなしとげなければならない。というのも左派によっておこされた1972年から1981年までの憲法院の47件の判決に、さらに1981年から1986年までの66件の判決が加わったからである。しかも、より短い期間で多くの判決が下されたということになる。

2　したがって、シラク政府は論理的にオルドナンスの方法に訴えなければならなかった。その方法はすなわち、規範形成という点で確かに第二次的な派生的な方法ではあるが、しかし、完全に憲法によって認められている方法であり、非常に短い期間で実行する必要があって提示される、経済情勢に関わる問題を解決することになる方法でもある。オルドナンスの手続に訴えることは、現在のフランスの法状況において、規範形成メカニズムの、したがって政治生活の、妨害を避ける安全弁である。このことには議会も憲法院も合意するだろう。この方法を避けて政府の改革を立法の方法に向けて送りこむことは、ミッテランのしていることが政府にも、明らかなことだが、憲法院にも、それを具体化する機関にとってさえも役に立つものとはいえないことを示している。

実際、憲法院はおそらく微妙な立場におかれるであろう。というのもすでに授権法律の審査の際に裁定者 arbitre としての立場で民営化の措置の合憲性を最終的に審査することになるからである。そして「裁判官政治」や「暴走」のリスクの誘惑に対して用心することを意識する。さらに憲法裁判所は、国家的利益の保護と国際条約の尊重という矛盾する要求を裁定しなければならない。

大統領という機関は7月14日のイニシアティブの影響をこうむることになる。というのも、レフェレンダムの事件のあった1984年におけるように、しばしば「政府の行為」と称される大統領のいくつかの行為は裁判からのコントロールや法規範の尊重を免れている。第五共和制の下での法治国家の達成はこのコントロールの下に議会自身をおくものであった。そこで、とりわけ政治的

コントロールが除かれるとしても、法律案を国民投票にかける決定やオルドナンスに署名することの拒否のような行為やふるまいが、裁判というタイプのコントロールの下におかれないことを正当化するのは徐々に難しくなっている。こうしたことは、大統領が憲法を解釈するやり方について、遅かれ早かれ憲法裁判所の介入を招くことになる。というのも、権力分立原則によって、大統領は裁判官ではありえないし、むしろまさに当事者だからである。憲法の政治的守護者 gardian は、裁判の守護者の前に頭を垂れなければならないのである。

3 こうした進展があったことについて、これはミッテランからはじまっているのだが、おそらく大統領の権限の縮減をあらわしていよう。ある者はそれを嘆き、憲法裁判所の存在感、影響力が広がることを問題にせざるをえないという。事実は、例えばドイツの憲法裁判所に委ねられているような、権限を好きなように用いることからはほど遠い。オルドナンスの拒否から生じる似たような事例において、ドイツの憲法裁判所は憲法の解釈の問題を直接付託され、いずれの命題に対しても好ましい解決をもたらしている。外国においても少なくともヨーロッパ諸国においては、憲法裁判によって、徐々に裁判規範の組織化が行なわれ、政治生活を包囲しようとする動きがみられる[3]。フランスにおいては、これまでの習慣から抜け出すことは難しく、しばしば法律の合憲性審査は、議会の権限を損ねるものだと考えられている。現実には、多数派によって採択された政府の法律案に対して向けられた憲法院のコントロールは立法府の権利を修復することに繋がっているのだ。そしてこのことは、一方では、政府に命令の方法よりも立法の方法を利用することを義務づけ、他方では、政府が国家の代表であるという特権を考慮に入れつつも、政府に手続規範や実体規範を守らせることを義務づけるものとなっている。

4 それでもやはり、フランスの合憲性審査の、とりわけ効果的な性格や既述

---

3) 次のものを参照。L. FAVOREU, *Les Cours constitutionnelles,* PUF, 1986.

したような立法による方法が徐々に狭くなっていくメカニズムを考慮すると、憲法裁判所は、規範形成活動の厳格な監視に繋がるリスクにも責任をもたなければならない。1981年からフランスは、法の生成のメカニズムの恒常的な加速化をもたらす、政権交代の過程にあるといえる。新しい多数派は彼らの考える改革を通そうとし、そのためにその前に存在していた別の多数派によって実現された改革を抹消しようとする。規範のインフレーションは、その結果ますます、憲法院の緻密なコントロールの対象となり、そのことから当然、機関としての妨害をもたらす可能性も出てきている。

　そこからは二つの仮定が導かれる。ペシミスティックな仮定としては、憲法裁判所のコントロールが、適正な運営を止めたり、危うくしたりするような仕組にむしろブレーキをかけることになる。オポチミスティックな仮定としては、これが私の考えであるが、ここまで柔軟性を示してきた諸機関なのだから、新しい状況に適合していくであろうということである。次々と生まれる多数派は自己規制することになる。このことは、先に行なわれた改革を組織として再び問題とすることはないことを意味する。多数派によって採択された措置に自動的に反対するということにはならない（解雇の行政許可やニューカレドニア、あるいはいくつかの民営化についての現実に確認できるプロセスがある）。憲法裁判所は、その時々の新しい多数派により生み出される規範形成の波をうまく流れさせるようにするために、アメリカの専門家が呼ぶところの「自己規制 self-restraint」をしばしば実践することになろう。こうした規範形成はまた一定の道へ誘導されるものとなる。これはまさに法治国家の大いなる利益のためのものでもある。

【資 料】
1986年6月25‒26日判決［86-207DC］の判決理由24と59

24　同様に、憲法55条を無視して、オルドナンスがフランスの国際的義務に反することができないことに鑑み、

59　しかし、法律4条は2項において、［民営化への］移転は、5条で言及されたオルドナンスで定められた原則にそって、政府によって実行される、と定める。法律5条は、企業評価の原則と入札価格の決定はオルドナンスによって定められることとするが、そのことは、譲渡される価格が実際の価値よりも低くなるときは、法律4条が対象とする企業を移転することは禁止されることを意味する。法案準備作業部会の結果から、政府は、独立の専門家による評価を行なわせ、彼らの評価以下の価格で、法律4条の対象とする企業を譲渡しないという義務を負うことになる。国家の独立を保持すべき保証手段は、法律5条で規定されたオルドナンスからも同様に生じる。これらのことに鑑み、

II コントロールされる議会

選挙区の設定についての1986年11月18日の憲法院の判決［86-218DC］及びセガンの修正についての1987年1月23日の憲法院の判決［86-225DC］、これらは憲法院の判決に二つのタイプの態度があることを示している。前者においては明白な過誤の概念を定めながら最小限の審査を確立している［訳注：明白な過誤とは、裁量権行使が一見して明らかに不当な場合に裁判所の関与を認める法理をさす］。これに対し後者においては、反対に、憲法裁判所は最大限の審査を行なっている。このことはいくつかの論争を引き起こすこととなった。

A 最小限の統制――1986年11月18日判決［86-218DC］

1 合憲性を弁護する判決[4]

今日提示されているものに似たような事例についての、憲法院の判決における方向性を認識することができるのか。

これまでの既成観念に反して、憲法院は、憲法裁判所 Juridictions constitutionnelles の系列に位置する裁判所であり、より正確にいえば、憲法裁判所 Cours constitutionnelles の一つである。したがって、すべての裁判所と同様に「判例政策」をもっており、この点で、コンセイユ・デタとも、破毀院とも異なるものではない。

憲法院に重要な政治的選択を決定するような法律が付託されたとき、立法府に評価権限の最大限の裁量を残すことで、立法府の観点からは、最小限の審査をすることになる。それゆえ、1975年の人工妊娠中絶についての［74-54DC］、1981年の安全と自由についての［80-127DC］、1982年の国有化についての

---

4) フィガロ紙に掲載されたもの。*Le Figaro* du 17 novembre 1986.

［81-132DC］、そして地方分権についての［82-137DC］、また1985年のニューカレドニアについての［85-196DC］諸法律の審査の際に、ヴェイユ法が発端となった問題解決の手法にしたがい、憲法院は次のようにくりかえしている。すなわち「憲法61条は、憲法院に、議会と同一の評価や決定の一般的権限を委ねてはいない。憲法院には、付託された法律が憲法に適合しているかを宣言する権限のみが与えられている」と。

　このことは、1981年以降確認されている傾向であり、無効判決よりも留保付き合憲判決を好む傾向にあることを示している。こうした傾向はまた、憲法を尊重させて、あいついで登場する多数派に明白な越権の宣言をすることはないという利益をもっている。さらに、本件はくりかえしとられている特別な形態をもっており、私が「ダブル・アクション［二重の審査］contrôle à double détente」［訳注：憲法院が違憲とした法律について、再議により国会がその内容を変更した後、再度、憲法院判決を尊重していないことを理由に提訴がなされ、憲法院が再審査することをさす。本書61頁参照］と呼ぶところのものである。実際、バール政府の予算の無効についての1979年のとき［79-110DC, 79-111DC］や、国有化法の審署否定の宣言のときの1982年の議論、ニューカレドニアの発展についての1985年のときのように、憲法院は、最初の判決のあとで再び付託されており、多数派は「コピーに出会う」ことを強いられている。いかなる先例においても、憲法院は第二の無効を宣言してはいない。したがって、なぜ、憲法院で進行中の事件において、憲法院が示したことを考慮しながら「コピー」が再点検される範囲で、たとえ部分的であっても無効を宣言する先例を作ろうとするのか、疑問となる。

　<u>しかし訴えを提起した者たちは、憲法院の判例が尊重されていなかったと主張するのではないか。</u>
　まず私は次なることに注意するよう促したい。先に引用した事件において、原告は少なくともエネルギッシュに同様の論拠を主張したが、理解されなかっ

た。

　しかし、社会党の議員たち自身が彼らの請求においてそれを認めているように、1986年7月2日の判決［86-208DC］において、憲法院によりいいわたされた要請や勧告は、オルドナンスの方法で命ずる政府に向けられているのであり、法律を採択する立法府に対して向けられているのではない。オルドナンスによる方法は、大統領の裁量的行為によって妨害されたので、政府は、法文がオルドナンスのために準備されていたものだったとしても、法文を議会の下におくことを決定した。政府提出法律案はこの事実から、必要とされていない多くの保障を含んでいた。

　また、新しい選挙区設定を確定する法律案が、憲法院に、公にする報告書を作成する特別委員会に、そしてコンセイユ・デタの総会に、最終的に採択される前におかれるのは、共和国の歴史においてはじめてであったことも強調しておきたい。

　それではどのように反対派議員は、法律が憲法に適合していないということを主張するのか。

　実際、原告である議員たちは彼ら自身、選挙区設定を定める法律に課せられる憲法上の原則 règles constitutionnelles を定義した。しかし誰も、憲法院が次のように考えて、それらを受け入れるであろうとは述べてはいない。特に憲法院は、第三の原則を次のように表現している（そのことは反対派の論拠として、本質的なようにみえる）。「第三の原則は、法治国家の名の下で、選挙区の区割が何らかの恣意から生じることを禁じるものである」。

　この「第三の原則」は、憲法のいかなる規定からも引き出すことはできない。憲法院は、1986年7月2日判決において、憲法2条、3条、及び人権宣言6条から生じるものとして選挙の平等についての憲法上の原則に基づいたのである。また憲法院は、ニューカレドニアの事件において、1985年にすでに明言された必要性から結論づけた。そこでは、「本質的に人口学上の基礎の上に」議員選挙が行なわれるべきことが確認されていた。このことは現行の法律

において実現されており、しかも原告議員たちによって異議をもたれてはいないものであった。

　事実の具体的な検討を行ないながら、恣意についての、あるいは公正さがないことについての体系的な研究にとりかかることは、フランスの憲法裁判所において「はじめて」のことであった。フランスの憲法裁判所は、ドイツやイタリアのそれとは異なって、これまでいわゆる比例性の審査や立法府の活動の合理性の審査を通して合憲性の統制をするものではなかったからである。

　憲法院がこのような方法に取り組んだことは、我々を大変驚かせた。というのも、アメリカやドイツやオーストリアの裁判所が1960年代、1970年代から選挙区割の合憲性について裁定する機会をもっているが、特に比例性や合理性の審査を除外しながら最小限の審査を行使しているだけに一層、驚かされたのである。人口学上の均衡の尊重以外では、これらの裁判所においては大いなる慎重さをもって立法府に裁量の幅の最大限を委ねる形で審査をしている。選挙区の決定において政治的均衡を配慮することが肝要だからである。反対にアメリカ合衆国のように、人種的民族的少数者の表現の権利を保護することに関しては違った方法をとっている。

　<u>結局、選挙区設定を非難することは政治的均衡を尊重していないことになるのか。</u>

　事実そうだといえる。私が述べてきたように、法的な問題よりも妥当性の問題にふれることになる。さらにそれは、結果として合憲性が生まれるであろうと考えて、これまで憲法院は法律の合憲性を評価すべきでないと判断していたのに対し、（シミュレーションの検討に頼る）計画された、あるいは想定された結果に基礎をおくことにいたるものである。結局訴えは唯一、社会党議員たちによるものであったが、選挙区設定により侵害される他の反対派会派の政治的均衡についての懸念は、その訴えには反映されていない。

<u>法律の採択手続の正規性について、上院議員たちにより示された論拠をどう思うか。</u>

それについては短く答えよう。一方で、議会での原告である上院議員たちが批判するのは、先決問題を可決することで、手続の濫用を侵したことである［訳注：先決問題については憲法41条1項も参照］。ところで、それがどのようなものであろうともこの領域においてここまで憲法院は、原告にしたがうことを受け入れたことはない。他方で、セナによりとられた立場は現実的に、共和国大統領の進め方に応えることであった。選挙制度を改善するために、とりわけ選挙区の区割を確定するために、1986年7月2日の憲法院判決に反するので、オルドナンスの手続を使うことはできないと考えたからである。このような状況において、私は、憲法院がセナと大統領の間の紛争に干渉すること、いわば内輪喧嘩を引き受けるようなリスクを侵すことはよくないと思っている。

<u>最終的なあなたの結論は何か。</u>

以前の判決を変更する理由を道理にかなうように考えることはできない。このような状況において憲法院が、選挙区設定の厳格さについて政府や多数派から支持を多くえているが、憲法院が立法府にとってかわるようなリスク、また、明らかに「評価の明白な過誤」の留保の下ではあるが立法府が評価の権限を行使することを妨げるようなリスクを侵すことを憲法院が望むものではないと考えることができる。（さらに慎重にいえば「評価の明白な過誤」が紛れこむことは不利に働くであろう）。

もし私の考えていることが適切だとするなら、反対派はいつの日か権力の座を奪還することを望むのであるから、憲法裁判所が将来の多数派の活動の幅をより明らかに減じることになる立法府の活動に圧力をかけるような審査のやり方に向かうことを認めることは得策ではないと思う。それ故、反対派が本当に不満をもつかは疑問に思う。

2 二重の教訓[5]

　憲法院のもたらした判決は、以前の判決から引き出されたことに合致している（前章を参照）。この判決を学ぶ誰にとっても、そこから引き出される論理があり、憲法裁判所の判決が予見できないと明言するのはまじめだとはいえない。

　今日下された判決は完全に次のことを示している。すでにみたように、申し立てられた手続の濫用はとりあげられていない（判決理由 4）。参照された原則は唯一憲法規定から引き出されており、憲法院は、原告自身が定義した漠然とした基準をもつ「原則」を受け入れていない（判決理由 6）。公正さを探求するのは裁判所（憲法院であるが）にあるのではなく、議会の所轄である。憲法院は「第三の議院」と同じに扱われるものではない（判決理由 10）。結論として政治的選択を行使するのは（裁判所にではなく）立法府にあるのである。それは、憲法上の要請を明らかに無視する（ことがない）選択であるようにみえるからである（判決理由 12）。

　結局、憲法院は、裁判所として裁定する憲法裁判所と、意見や提案を表明するコンセイユ・デタとの違いを明確に述べている。憲法院は法的に裁定するが、コンセイユ・デタは公正さあるいは妥当性を考えて判断する。コンセイユ・デタは憲法院を縛るものではない、といえる。

　憲法院が与えようとしたことは、（判例における）憲法の真の教訓である。分る人には幸いあれ［訳注：私のいうことを良く考えることだの意］。

　この判決の他の観点は興味深い展望を示していることである。まず、法文の議論を避けるための、セナでの先決問題の手続の活用は「現在の状態で」正規のもの［法規に適ったもの］として認められる。ここには将来に向けては一つの条件［留保］が示されている。しかしこれは、この活用が大統領によって行使されたオルドナンスの妨害により、正当化されるのと同様に理解されるものである（1 を見よ、判決は適合性を弁護している）。

---

5) フィガロ紙に掲載されたもの。*Le Figaro* du 19 novembre 1986.

次に憲法裁判所と行政裁判所の立場の違いを確認することは、二つの意味があると私は思っている（判決理由11）。一方では、憲法院は、コンセイユ・デタのような事実審裁判所ではない。したがって、その審査には限界がある（その点はすでにみた）。他方で、選挙区割の設定がオルドナンスで行なわれたなら行政裁判所の審査は、別途、行政行為に関して「採択された法律について署名の際に」行なわれる憲法院の審査よりもより入念な審査とならなければならないはずである。いいかえれば判決の中で憲法院が認めた「下院議員によって示されたいくつかの批判の適切性」が、最後の判決理由の前に含まれているが、規律にしたがうように単純に命ずるより多くの具体的な効果を生み出したのである。

最後に、選挙区画定がオルドナンスにより行なわれたなら、政府は相変わらず苦労することになる。というのも、憲法院ではこの判決によって道すじが完全に整備されることとなったが、コンセイユ・デタでは選挙区画定の正規性についてはまだ問題になってはいない。コンセイユ・デタは、その正規性について裁定しなければならないからである。欲を出すと元も子もなくなるという、あるいは人を呪わば穴二つ［訳注：してやるつもりでいた者がしてやられるの意］ということもある。

【資 料】
1986年11月18日判決［86-218DC］

憲法院は、

　憲法に照らして、

　憲法院に関する組織法律の価値を有する1958年11月7日58-1067号オルドナンス、とりわけ当該オルドナンスの第二篇第二章に示されている諸条文に照らして、

　報告担当官の報告を受け、

1　採択の際にとられた手続及びその法律の条文の内容を理由として、国民議会議員の選挙の選挙区の画定に関する法律の憲法への適合性が異議を申し立てられていることに鑑み、

　法律の制定手続について

2　第二の申立ての申立人であるセナ議員たちは、法律の採択のための手続が、憲法44条によって認められている修正権の自由な行使がセナ議員には禁止されるという唯一の目的で、法律案の第一読会における審査の際に、先決問題が実施されていたゆえに正規のものではないと主張していることに鑑み、

3　セナ議院規則の44条3項によると先決問題とは、審議をする理由がないことを決定させる目的をもち、同条8項に定められているように限定された議論のあとで、先決問題を採択することにより、法文の受け入れ拒否を引き起こすという効果をもつものであることに鑑み、

4　下院議員選挙のための選挙区の画定に関する法律案は、2回単記投票を確立する1986年7月11日の86-825号法律に続いて制定されるものであるが、

政府の緊急宣言のあとで1986年10月13日国民議会の第一読会において採択されたものとみなされた。この院における先決問題の採択という事実から、セナにより、立法手続の正規性をみたしていないという条件でこの採択は退けられた。次に、憲法45条2項、3項の規定の適用がなされた。同数合同委員会で提案された法文が、1986年10月23日に国民議会で採択されたとみなされた。ついで同一の文言でセナにおいて10月24日に投票が行われた。このことから憲法院に付託された法律は、正規でない手続によって採択されたものではなかった。したがって、援用された請求理由は退けられなければならない。これらのことに鑑み、

実体について

5　最初の付託者である国民議会議員たちは、第二の付託者であるセナ議員たちと全く同じように論証に同意しているが、法律によって実行される選挙区の画定は専制的なものであると主張する。実際、実行された選挙区の画定は、人口的に可能である毎に古い区割を守り、構成を尊重するものとなっている。国民議会議員の同一の数を維持する県の区割のために、またその県の区割の古い選挙区は人口的にほぼ釣合のとれたものであったために、そうしようとするものであった。県は多くの選挙区をもっているが、唯一、一つあるいは二つの選挙区はそうではなかったが、県の人口の平均値に近いものだった。県の区割にとってはその中で、前の区割の序数の基本が地理的な適切性を保ち、人口的な数値とも両立していた。その上、人口的、地理的、歴史的並びに経済的・社会的所与の観点から保持される選挙区画定の基準の不統一性の中に恣意性が［裁量が］ある。広くみれば同一である質問に対して、根本的には異なる解答が選ばれている。反対に、政治的な面において、基準は期待される利益から引き出されるので、選挙区を設定した者自身も完全な均一性を装って利用されたのである。これらのことに鑑み、

6　憲法2条1項の文言において、共和国は「出生、人種または宗教の差別なく、すべての市民に対し、法律の前の平等を保障する」。憲法3条はその1項において、次のように定める。「国民主権は人民に属し、人民は、その代表者及びレフェレンダムにより、主権を行使する」。そしてその3項は、選挙は「常に普通、平等、秘密選挙である」と定める。また憲法24条2項によれば「国民議会議員は直接選挙により選出される」。さらに1789年人及び市民の権利宣言6条は次のように宣言している。法律は「保護する場合であれ、処罰する場合であれ、すべての者にとって同一でなければならない。すべての市民は、法律の目からは平等であるから、彼らの能力にしたがい、かつ徳性及び才能以外の差別なく、あらゆる公の高位、重職、職務に平等に受け入れられる」。これらのことに鑑み、

7　これらの規定の結果、直接普通選挙で選任される国民議会は本質的に人口的な基礎において選出されなければならない。立法府がこの基本的な原則 règle fondamentale の意味を弱めることになる一般利益の要請を考慮したとしても、それは限定的な措置においてかつ具体的な要請に応じて、それができるにすぎない。これらのことに鑑み、

8　審査対象の現行の法律からは、地理的次元で不可能でないかぎり、選挙区は地続きという結果になる。カントン［訳注：郡と市町村の中間区画であるが、現在は県議会議員選挙区でしか使用されない］の境界は概して尊重されている。地続きでないカントンの、あるいは人口4万人以上のカントンの行政区域が複数の選挙区に分配されているのは、限られた場合にすぎない。一つの選挙区の人口と同一の県の選挙区の平均人口の間の格差は、過度に不均衡ではない。これらのことに鑑み、

9　しかしながら、第一の付託を行なった下院議員たちが、人口面では根本的に批判できるものではないとしても、法律における画定がそれでもなお恣意に

より行なわれていると主張していることに鑑み、

10　憲法は、憲法院に、議会と同一の評価や決定の一般的権限を委ねてはいない。それゆえ選挙区が可能な限り最も公平な確定の対象となっているかどうかを検討することはその権限に属さない。コンセイユ・デタがその行政機能の行使において求められるのとは異なり、この意味での提案を行なうことが憲法院の責務ではないことはなおさらである。これらのことに鑑み、

11　その上、事実上の事情の検討に対して、憲法院はすでに採択された審署前の法律を付託されているのだが、行政裁判所が行政行為の合法性について裁定することを要請されているのとは異なる条件において判断することに鑑み、

12　当該法律によってなされた選挙区画定に対して第一の付託を行なった下院議員たちによって提示されたいくつかの批判の適切性がどうであれ、一件書類から、また同じ人口原則を尊重しながらも異なる解決にいたることに理由を与える地方的状況の多様性と複雑性を考えれば、立法府がとった選択が憲法の要請を明らかに無視したとは思われないことに鑑み、

13　本件において、憲法院にとって、検討に付された法律の他の規定に関して、憲法への適合性の問題を職権でとりあげる理由はみあたらない。

　以下のことを判示する。
　1条　下院議員選挙の選挙区画定に関する法律は憲法に反しない。
　2条　本判決は、フランス共和国官報に掲載される。
1986年11月17、18日、憲法院で審議された。

憲法院院長　ロベール・バダンテール

B 最大限の統制——1987年1月23日判決［86-225DC］

1 議会の活動の統制可能性[6]

「セガンの修正」と呼ばれる事件に対してどのように評価するのか。

この事件は、特別な状況の中に位置づけられるもので、憲法裁判所の厳格な統制の行使はされなかった。それには二つの理由がある。

まず、この事件が非常に政治的な性格をもっていたという理由である（その政治的性格とは、アメリカ合衆国においては疑いもなく最高裁判所が考慮することを拒否する「政治問題」というカテゴリーに入るものである）。憲法院にとっては、大統領と首相との間の機関としての争いを裁定することに関わり、本当の意味で法律の合憲性審査を裁定するものではない。

選挙区の設定についてすでに判決があるように、私はこれについて話したことがあるが（上記参照、判決は合憲とした）、憲法院はいわば内輪喧嘩に口をはさむことを避けているのである。しかも、これが今日より明白であるのは、「セガンの修正」の採択が、大統領によるオルドナンスの署名の拒否への解答であるだけでなく、この拒否を念頭において、政府に通常会期の閉会前に法律案を投票させることを妨げるための最後の時間をまつという手続の濫用に対する解答でもある（これは選挙区の設定の事件のときに行なわれたのと同様である）。大統領は特別会期を召集する、あるいはしない権限をもっているので、法律案は1987年4月に送り返され、首相は難しい立場に立たされた。

そこで人は紛争の激化に直面することとなった。すなわち、政府はオルドナンス（選挙区の設定についてのオルドナンス）に署名することの拒否を「回避」して法律を制定する方法を活用しようとするが、大統領は署名の拒否を遅らせながらこの方法を妨害しようとする。

---

[6] フィガロ紙に掲載されたもの。*Le Figaro* du 19 janvier 1987.

もう一つの理由は何か。

　第二の理由は、この事件の特別な性格に関するものだが、大統領の行動は、規範形成の妨害 blocage normatif の状況を一層際立たせているということである。こうしたことがフランスにおいて徐々におきている。実際、政府が、立法府と同様に規範 règles を作成することができることで、他の西欧の民主主義社会と比較して特異な制度をもっていたが、憲法院やコンセイユ・デタのうまく接合した判決 jurisprudences conjugées が存在するという事実から、政府はもはやこうした権力をもっていないという制度に移ったのである。それは、西欧の政府よりも逆説的であるが、可能性が少ない状況に達しているためである（そのことは改革を実現するためにほとんど一貫して立法の方法に頼らざるをえないことを意味する）。つまり、西欧の政府は広く立法委任 délégations législatives［訳注：立法府が一定期間政府に認めるもの］に頼ることができるのに対し、フランスの政府は、憲法院によって厳格に「制限されている」だけでなく（1986年6月25‐26日［86-207DC］、7月1‐2日の判決［86-208DC］でみたように）、オルドナンスの方法も閉ざされていることに気がつくのである。

　フランスの政府は、規範を採択するにあたって、他の西欧の政府よりもより自由だと思われている。そしてそれは、憲法37条によってそのように思われているが［訳注：フランス第五共和制憲法は34条で法律事項を特定し、37条でそれ以外を命令事項と定めている］、議会に対しては実際は従属的である。アメリカ合衆国、イタリア、ドイツ、そしてイギリスにおいても、政府は確かに直接には「規範制定 légiférer」は行なわないが、議会からの委任や授権は多く受けている。フランスでは政府は、一定の場合において直接に「規範制定」をすることはないし、実際に、大統領の拒否権の行使にあうことからオルドナンスという形での委任 délégations や授権 habilitations の恩恵に授かることはない。

　<u>あなたが述べていることを考えると、憲法院の態度はどのようなものであるべきだと思うか。</u>

　私の思うところでは、憲法院は慎重になるべきだと思う。というのも、何回

もいわれていることは異なって、提起されている問題は思われているほど単純ではない。

<u>これはとりわけ一身専属的な表決権の問題なのか。</u>
　そうである。一身専属的な表決権という義務を尊重していないことを指摘する議論が、最初は法律に対してあげられていたが、それは最も有利な要件ではない。実際、憲法 27 条［訳注：27 条は命令委任の禁止と議員の表決権を定める］が尊重されていないことを援用するだけでは十分ではなく、それを証明するべきである。憲法院が国民議会の議事録の正確さを疑い、証拠と位置づけについての調査権限を認めることが想定される。これがかろうじて考えられることである。行政裁判所は例外的に行政に対する権限しか承認されていないが、人はこのような状況において、憲法裁判所が議会に対してふるまうやり方を困ったことだと思っている。
　このことは、憲法裁判所によって行使される統制に重大な一歩をふみこえさせることになるが、実現するのは難しい。これまで憲法院は、この意味での要求があっても、憲法第四篇に含まれている規定の侵害を理由にして、形式上のあるいは手続上の瑕疵に対して法律の違憲性を宣言したことはない［訳注：憲法第四篇は国会についての規定］。憲法院が政府と議会の関係（第五篇）についての規定を厳格に尊重させるなら、内部の活動に関する規則を尊重させるのは、議会自身にあると考えられる。

<u>セガン氏の法文を採択させるための修正の手続の活用は、あなたとしては憲法に適合していると思うか。</u>
　議会の立法の役割の縮減を嘆く者がいる。また憲法院がこうした方向へ進むことをやめさせるようにすべきだと考える者がいる。まず、このような縮減が考えられた議会の歴史、時代を問うべきだと思う。というのも、第三共和制の終わりから第四共和制にかけて多くの改革が、デクレ＝ロワの形式で採択された［訳注：デクレ＝ロワとは政府がなす委任立法をさし、第三、第四共和制に

おいて国会の委任により目的と期間を限定して、かつ、国会の追認を条件として法律の改廃をなし、法律と同一の効力をもつものとして設定されたデクレをさす］。憲法院の任務は、議会のメカニズムや手続を改めたり、修正したりするところにはなく、憲法の規定を尊重させるところにある。憲法上の規定が十分に精確ではない、もしくは拘束的でないというときに、その空隙を埋めていくのは憲法院ではない。

　しかしながら、憲法44条のあいつぐ解釈によって、とりわけ1986年12月29日の判決［86-221DC］において憲法院は、修正権に一定の限定を示している。すなわち審議の中で、問題となった法文にもたらされた付加や修正は「法文に無関係のものであってはならず、その目的や射程において、修正権の行使に内在する限界をこえることはできない」としている。第一の要求は確かに、セガンの修正においては充足されていた。「社会秩序に関する多様な規定」を含む法律が、このようないい方ができようが、「モザイク的な法律」あるいは1981年から1986年にかけてすでに用いられた雑多なものを入れる物置のようなものであれば一層、そういえるであろう。第二の要求は、あらたに12月29日に示されているが、修正とは何かという定義の問題を提示するものである。どのような修正や付加のタイプがもはや修正ではないといえるのだろうか。第五共和制あるいは第四共和制の過去の例においては、争いの対象となる法文よりも長い法文でも修正と考えられている。その上、こうした法文は、政府提出法律案であるかぎりはコンセイユ・デタの下におかれることで、通常修正に対して優位となる。そこで最初に修正が「どのようなものであるかを測定calibrer」し、議会にこれらの付加を受け入れることはまちがっていると告げるのか。

　憲法院は濫用を避けるために、いくつかの限定をするということは考えられる。しかしながら、ここで述べられている特別な文脈の中で原則的な立場となるのは、政治的紛争に首をつっこまないという憲法院の気持ちの変化を知ることである。

したがって出発点に戻るということか。
　その通りである。憲法院は、同時に大統領の手続の濫用に免訴を与えているが、議員の院内活動にはじめて関与することで、議論が沸騰している事件について、まさしく判例上の改革を実行しているということになる。

2　統制を受ける議会、統制を受けない大統領[7]

　それ以上に憲法院は、セガンの修正の無効判決により引き起こされた激しい論争の中心にいる。左派の多数派からも右派の多数派からも異議が提起されており、異議は常なるものでもあるが、こうした異議が結果的に憲法裁判所の正当性を強化するものともなっている。

　20年以上にわたって憲法判例を学び、適用することに努めてきた者として、次なることを強調しておこう。最近は、その正当性を問題とすることを厳しくとりあげることがない者によって憲法院が守られているといえる。1982年1月に「パレ・ロワイヤルのギャング」と形容されることによって、憲法裁判所はほとんど神聖な機関になってしまっている。何とすばらしいことか、何という変化であろうか。

　しかしながら、議会の二つの議院の議長、彼らは、憲法院構成員の任命もするし、憲法院に付託もする権限を有しているのであるが、はじめて、議会の権利への重大な侵害と考えられることについて、注意を喚起したという点が新しい。異議は性格をかえている。ポエールとシャバン＝デルマスの2人の議長は、常に、その職に何年もついていることで知られているが、憲法裁判所に認められている次なる権限を問題としている。それは、細部にわたって議会の手続を、特に修正権の行使の条件を統制する権限である。

　批判はもはや一時的なものでも政治的なものでもない。批判はここでは、制度的なもので法的なものである。実際憲法院は、明確な原則にしたがって、またそのいくつかは憲法に定められているものであるが、これにしたがってはじ

　7）　フィガロ紙に掲載されたもの。*Le Figaro* du 26 janvier 1987.

めて国民主権が行使される条件を検討するのである。このことは明言されている。そうでなければ、それぞれの議院が、とりわけ議院規則において要請を設定する権限を有しているが、その要請のかわりに固有の要請や指示をすることは、議院の自律に対して侵害をもたらすことになるのである。

憲法44条は、修正とは何であるかを明らかにしていないし、また、その範囲がどこまで及ぶべきかも明らかにしていない。したがって、修正の受理可能性の評価は、議院や議院議長の自由に委ねられている。憲法院は44条が明らかにしていない補充的な条件を提示することで（とりわけ、「広汎性や重要性を理由として……修正権の行使に内在する限界をこえている」と判示している）、この自由を不当に縮減している。政府が同数合同委員会［訳注：国会で審議中の法律案につき両議院でそれぞれ第二読会を経ても一致しないとき首相は同数合同委員会を招集して法律の成立をめざすことができる］における過程を経たあと、自らの法律案を修正するときは、反対派は修正権を奪われているということを考えると、私はこの推論に反対するものである。しかし、憲法院は、「エッフェル塔の修正」に関する1985年12月13日判決［85-198DC］でこのような異議を退けている。

議会の議院議長の抗議はまた、議会にかけられる統制はますます強くなってきているが、大統領への統制は欠如しているという不均衡を示している。大統領の行為を熟知する権限を有する裁判所がないがために、大統領はオルドナンスの規範形成過程さらには法律の規範形成過程さえも（これについては特別会期の召集権者であるかぎりにおいてであるが）自らの意のままに妨害する。議会はもはや、投票にかけられる余地をもつ修正のみを決定できるにすぎない。大統領は、授権法律の可決に必要とされる憲法院による審査、オルドナンスの起草、コンセイユ・デタの意見聴取、大臣会議での審議の、通常は数カ月かかる規範形成過程を、憲法院の統制を受けずに縮減させることができるのである。

憲法裁判所は、1986年に、法律は「憲法を尊重する場合にはじめて一般意思の表明として認められる」としている。この表現は、共和国大統領の行為にも適用されるはずである。そのことで憲法3条の文言で、人民の名において国

民主権を行使する諸機関の平等を確立することができる［訳注：3条は国民主権と選挙について定めている］。

　憲法裁判所は、マキアベリズムと非難されているわけではなく、単にその意味不明なところを批判されているのである。憲法院は、彼らの行為の統制に関して、議会と大統領の間の不均衡に対して責任があるものでもなく、大統領と首相の間に存在する紛争の危機をはらんだ状況に対して責任をもつものでもない。その判例を理解する者にとっては、憲法裁判所は一貫した進め方にしたがって、法的に裁定しているのであり、本件において違ったやり方を考える理由はない。

　しかし、一方では、違憲と判断される行為がとられる前に44条の解釈を確立しないことで（1986年12月29日の判決に含まれる「警告」は実際セガンの修正の投票のあとである）、他方では、議会の反応の重大性を十分におしはかっていないことで、憲法裁判所は先の見通しをもっていなかった。それでも1月23日、8名の評定官の中の6名は元議員であるが、判決の最初の部分で、一身専属的な投票権の義務が尊重されていないことに対して違憲だとする障害を避けることが確かにできた。実際に我々が思ったように（1987年1月19日のフィガロの記事をとりあげている。1をみていただきたい）、憲法院は27条の侵害は事実において認められなかった、とした［訳注：27条2項は国会議員の表決権は一身専属的である、と定める］。

　それなのになぜ憲法裁判所は、修正の受理可能性の条件に関して（憲法院の統制の下で）議院がこれにより規則を改正することになった単なる警告を申しわたすだけにとどめなかったのか。その結果は同一であったし、すべての者の利益になるように、そこには憲法院自身も含まれるが、と考えると、不要な対立を避けるべきであったろう。

【資 料】
1987年1月23日86-225号判決［86-225DC］
―社会秩序の多様な措置に関する法律―

憲法院は、

　憲法に照らして、

　憲法院に関する組織法律の価値を有する1958年11月7日58-1067号オルドナンス、とりわけ当該オルドナンス第二篇第二章に示されている諸条文に照らして、

　例外的に議員がその投票権を代理指定することを認める組織法律の価値を有する1962年1月3日62-1号組織法律により補完されている1958年11月7日58-1066号オルドナンスに照らして、

　報告担当官の報告を受け、

1　社会秩序の多様な措置に関する法律の憲法適合性が、国民議会での採択の条件を理由として、憲法27条に反すると異議を申し立てられているが、この挿入はいくつかの条文の作業時間と内容の調整に関する条文の修正によるものであることに鑑み、

　法律全体の採択過程について

2　この違憲の申立てをする議員たちは、社会秩序に関する多様な措置に関する法律が規則に違反した適法でないirrégulier状況の中で採択されたと主張する。実際に、修正1号によって補完された法律全体に対して、1986年12月20日に行われた記名投票の際に議員たちは社会党議員の会派を除いて憲法規範に反する方法で欠席議員のために投票した。一方で、議員に例外的に投票権を委任することを許す組織法律の価値を有する1958年11月7日58-1066号オルドナンスの要請に適合する投票の委任を憲法規範は認めていないことに基づき、

また他方で、議員のそれぞれが憲法27条の3項の要請に反して、欠席している仲間よりもっと多くのためにも投票したことに基づき、憲法規範に反する方法であった。これらのことに鑑み、

3　憲法27条2項によれば「国会議員の表決権は一身専属的である」と定める。また3項は「組織法律は例外的に投票の委任を認めることができる。この場合、いかなる者も一つ以上の委任を受けることはできない」と定める。これらのことに鑑み、

4　これらの規定の適用に対して、記名投票の枠組において用いられた投票の委任は、数によっても正当性によっても上記憲法27条に定められた限界をこえていることが認められる点で、法文の採択に賛成だとする投票数が実際に現存する議員の数よりも多くなった。こうした状況は一方で、議員が彼らの意見に反する投票をしたとも考えられ、他方で、これらの投票数を計算に入れることなしには必要な多数に達することができなかったともいえる。このようなこととなるゆえに、この法文の採択の過程の無効 nullité ［訳注：形式上の瑕疵もしくは実体上の反則があるがために行為が不存在とされる無効］といわざるをえない。これらのことに鑑み、

5　1986年12月20日の本会議において当該法律全体に対して記名での投票が国民議会で行なわれたが、その条件が何であれ、賛成の投票をしたとされる議員の中で本会議の議事録にのっている議員の1人がこの意味において意見を述べていなかったことは明らかではないし、それを申し立てることもできない。このような条件において憲法27条2項、3項が無視されていたということをもち出す請求理由は退けられる。これらのことに鑑み、

　39条の採択手続について

第 2 章　コアビタシオン期における憲法院と公権力　155

6　当該申立てをした者たちは、法律 39 条が憲法に適合しない状況において可決されたと主張する。また彼らはこの条文が同数合同委員会で採択された法文の議院による検討の際に修正がこの法文と直接の関係のないものであるにもかかわらず、修正という方法で挿入されていると主張する。さらにこの修正は実際、政府が 1986 年 12 月 2 日に大臣会議の議事日程への登載を知らせたところの法律案全体にとってかわるものであった。これらのことに鑑み、

7　憲法 39 条はその 1 項において「法律の発議権は首相及び議員に同時に属する」と定める。44 条 1 項は「議員及び政府は修正権を有する」と定める。45 条 1 項によれば、すべての政府提出法律案もしくは議員提出法律案は、同一の法文の採択をめざして議会の両議院であいついで検討される」となっている。同条の 2 項、3 項は次のように定められている。「（2 項）両議院の意見の不一致により政府提出法律案もしくは議員提出法律案がそれぞれの議員で 2 回の読会のあとでも採択されなかったときは、あるいは両議院のそれぞれで 1 回の読会の後で政府が緊急を宣言したならば、首相は審議中の規定について一つの法文を提案する任務をもつ同数合同委員会の開催を求める権能を有する。（3 項）同数合同委員会によって起草された法文は、政府によって、両議院で承認をえるために付託される。いかなる修正も政府の同意がなければ受理されない。[訳注：便宜上、2 項、3 項とかっこで示した]」。これらのことに鑑み、

8　これらの規定から次のことが結果として生じる。審議中の規定に対して共通の法文の同数合同委員会での採択は、政府が同数合同委員会で起草された法文を両議院に承認をえるために付託することで、付加的な条文という形をとって必要があれば、政府の選択によって修正することで、法文を変更したり、補完したりすることに妨げとなるものではない。しかしながら、審議中の法文にもたらされる付加ないし修正は、憲法 39 条 1 項、44 条 1 項を十分に認識し、審議中の法文に無関係のものであってはならず、その目的や射程において、修正権の行使に内在する限界をこえることはできない。これらのことに鑑み、

9　法律39条の元となった修正は、1986年7月2日86-793号法律の2条（4号）に基づいて、政府によって作成された法文の規定全部をとりあげるものである。そしてそれは、雇用の発展に必要な措置をオルドナンスによって講じることを許すものであり、その目的は「労働期間や労働時間の調整に関する労働法典の規定に社会的パートナーとの交渉を考慮して、活動のレベルの変化と経済全体の条件に、企業の運営の条件をあわせることを許す修正をもたらすところにある」。これらのことに鑑み、

10　その効果として、法律39条に含まれる規定は労働法典の多くの条文を修正する、あるいは補完する20の節の形をとって、労働時間の変更が拡大された部門の合意ばかりでなく企業や事業所の合意によっても実施されることを規定している。それらの規定は、労働時間の調整と労働時間の縮減との間で以前に存在していた義務的関係を失わせるものであり、また労働者の利益になるように代償となるものの性格と重要性を合意によって定義する配慮を社会的パートナーに委ねるものである。それらの規定は、企業の変更に関わる合意は、次なる条件の下でしか実施されないとしているが、すなわち一方では、職業上の選挙に登録する選挙人の投票の過半数を集める組合の反対の対象となることはないという、他方では、刑事制裁を科す法律により定義された枠組に適合するという、こうした条件の下ではじめて企業の合意は施行されるとしている。変更の合意を尊重しないことは、50％の埋め合わせとなる休暇への権利はもはや開かれていないことを意味する。反対に、修正は、補充的時間の決定や支払の態様を定める規範にももたらされる。日曜休暇に関しては、39条に含まれる規定は拡大的団体協定の中で規定する部門に技術的状況を理由とするばかりでなく、経済状況を理由としても、連続して行なう労働を設定する可能性の道を開いている。これらのことに鑑み、

11　その結果、広汎性や重要性を理由として、39条の元となる規定は修正権の行使に内在する限界をこえていることが先行していることとなる。したがっ

て、修正の方法で、社会秩序の多様な措置に関する政府提出法律案の中にこれらの規定を、憲法39条が対象とする法律案（すなわち政府提出法律案や議員提出法律案）と44条1項が対象とする修正案との間に設定された違いを十分に認識することなく、導入することはできない。したがって、憲法院としては付託された法律39条は違法な手続によって採択されたと決定する理由があるものである。これらのことに鑑み、

（以下略）

　次のように判決を下す。
　1条　社会秩序の多様な措置に関する法律39条は憲法に適合しないことを宣言する。
　2条　上記に表明した解釈留保の下で法律の他の条文は憲法には違反しない。

まとめにかえて

　コアビタシオンの時期はいわばかっこに入れられるものでしかない。コアビタシオンは1988年5月において左派の大統領が選ばれたなら、また現在の国民議会が解散されていないなら続いていることであろう。

　もし新しいコアビタシオンの時期が大統領選挙の後ではじまるなら憲法院の役割は重要なものになる。憲法院の構成はあらたに選ばれる大統領が現在の大統領でないとするなら、そのこと以外に通常は変わらない。現実では、フランソワ・ミッテランは憲法院の10番目の構成員となる。少なくとも確立された慣習を絶つのなら［訳注：ドゴール、ポンピドゥー、ジスカール・デスタンは構成員となっていない］、憲法院の評定官となる。この仮定が実現するなら政治的論争に憲法院がまきこまれることは明白である。憲法院の任務の遂行は難しいものになろう。

　右派の大統領が選ばれても状況は同じである。というのも、大統領経験者が憲法院の構成員にいずれ同じようになるからである。しかし大統領を支える多数派と政府を支える多数派が一致するということになれば緊張は和らぐ。

　我々は他の仮定にも直面しうる。しかしいずれにしても憲法院の権能の重要性はなくなるものではない。なぜなら二つの政権交代の時期に憲法院が政治制度の活動に決定的な役割を果すことがわかったからである。

　法と政治のあいだの関係の研究は、はじまったばかりだといえる。

監訳者 解説

1 憲法院の進展

　本書は、1981年に初の社会党の大統領であるミッテラン大統領が誕生したときから1986年にフランスで全く予期していなかった社会党の大統領の下で保守派のシラクが首相に就任するというコアビタシオンのときまでの、憲法院の対応の分析を行なっているものである。

　そもそも第五共和制憲法は、アルジェリア独立紛争を契機とする軍部の反乱、内乱の危機による政情不安の打開のためにレジスタンス運動で功績のあったド・ゴールが呼び戻され、その彼の1946年6月のバイユーでの演説に沿った内容で作成されたものである。その内容は、執行権の強化と共和国大統領の国家の監督・保証人としての新しい役割の権限付与を含んでいた。とりわけ、執行権の強化については、大統領制と議院内閣制の中間形態である半大統領制という政治体制の下で大統領と首相によって政治を牽引する形をとった[1]。ド・ゴールの構想においては、国民の多数が支持する大統領（1962年の憲法改正によって国民の直接投票で大統領は選ばれることとなった）と議会の多数派を基盤とする首相とがあい反する政党に属することなどは考えてもいなかったであろう。

　1981年の大統領選挙で社会党のミッテランが、ジスカール・デスタンを破って大統領に就任し、第五共和制憲法下ではじめての社会党の大統領が誕生した[2]。ミッテランはすぐに議会を解散し、社会党は国民議会議員選挙で圧倒的な勝利をおさめる。その上でミッテランは、国有化、公務員改革、地方分権に

---

1) 当時の政治体制についてはさしあたり次を参照。奥島孝康＝中村紘一編『フランスの政治』早稲田大学出版部1988年35頁以下（今関源成担当）。
2) 1977年の雑誌プーヴォワール *Pouvoirs* の創刊号のタイトルは政権交代であったが、1981年には社会党の大統領の誕生を機に第2版が出されている。なお当時の詳しい政治状況及び得票率等については次を参照。Françoise TALIANO-Des GARETS, *Histoire politique de la France*, ellipses, 2012, pp. 143 et s.

とりくんだ。この政策の基盤には1972年に社会党と共産党とで調印された、共同政府綱領がある。これは、国民にとっては社会党が政権をとった後の社会の展望を示すものでもあった[3]。

しかしながら、1986年の国民議会議員選挙では保守派が過半数をしめ、ここに社会党の大統領の下で保守派（共和国連合）のシラクが首相に就任するというコアビタシオン（保革共存）といわれる事態が出現することとなった。もはや執行権は両者異なる考えをもつ者が互いに譲りあわないという関係に陥り役割分担を必要とした。そこで大統領は外交、首相は国内行政を担当することとなったのである[4]。このこと自体、大統領に強い権限を集中させるという当初の構想からかけ離れるものであった。

敷衍すれば1988年の大統領選挙でミッテランは再選されたが、解散後の選挙で社会党は国民議会の過半数をとれずに、中道との連携による内閣が生まれている。また1993年の国民議会議員選挙の結果、社会党は敗北し、社会党の大統領の下で共和国連合のバラデュールが首相に就任して、再びコアビタシオンとなった。そこで2000年には、大統領の任期が7年と長すぎ、それに対して国民議会議員の任期が4年であることから、その離齟を減じるために大統領の任期を7年から5年にする憲法改正も行なわれている。

コアビタシオンについては次のように説明される。

「フランスの政治制度においては、またより一般的には、政府の存在、政府を任命することになる大統領の存在、政府が連帯責任を負う議会の存在、これらを決定する二つの選挙を予定している半大統領制をとるすべての政治体制の下では、大統領を支持する多数派と議会の多数派があい反する可能性がある。

フランスにおいてコアビタシオンということばが登場するのは1986年である。反対派であった右派が国民議会議員選挙において社会党のフランソワ・ミ

---

[3] 共同政府綱領と国有化の関係については、藤本光夫『ミッテラン政権と公企業改革』同文館1988年参照。

[4] 中木康夫編『現代フランス国家と政治』有斐閣1987年参照。とりわけコアビタシオンの憲法問題については135頁以下参照。

ッテラン大統領の下で勝利をえた。国家元首は新しい多数派である主要政党の党首ジャック・シラクを首相に任命した。シラクは議会内多数派の RPR［共和国連合、ド・ゴール派］と UDF［フランス民主主義連合、ジスカール・デスタン派といわれる］から組織される政府を率いた。大統領は大統領特権の活用をひかえさせられたのだが、積極的な方法でそれを行使しようとし、同様に政府の政策を批判することも一向にやめなかった。

大統領は解散をしかけるべきである、あるいは大統領は辞任すべきである、敵対する政治に対して大統領としてとどまっているべきではない、このように考えて、その原理自体においてコアビタシオンに異議をとなえる者もいた。その代表的な者はレイモン・バールである。しかしながら、興味をひく意見とはならなかったし、また世論の多数ともならなかった。大統領は法的に無答責であったので紛争の危機をはらんだコアビタシオンは、1988年の彼の任期まで続いた。そして、1988年にはミッテランは大統領選挙で再び勝利をえたのである」[5]。

憲法院は、1958年第五共和制憲法において設立された。フランスにおいてそれまで違憲審査制度について全く考えられていなかったというわけではない[6]。1946年第四共和制憲法においては憲法委員会が設立されているが、これは「国民議会によって可決された法律が、憲法改正を前提としているかどうかを審査する」機関で、しかもほとんど活動していない[7]。憲法院もそもそもは、34条と37条に定められている法律領域と命令領域が守られているかを監視する役割を担う機関として設立されたものである。違憲審査を担う機関として設立されたものではなかった。これは、第五共和制憲法が法律として定めることのできる事項をまず掲げ、それ以外を命令事項であるとすることによって、結果的には議会の権限を狭め、命令制定権を自由に活用できるとすることで、行

---

5) Sous la direction d'Olivier DUHAMEL et Yves MÉNY, *Dictionnaire constitutionnel*, PUF, 1992, pp. 157-158.
6) 植野妙実子『フランスにおける憲法裁判』中央大学出版部 2015年 1 頁以下。
7) 同書 8-9 頁。

政権すなわち執行権の強化をはかることを示していた。第五共和制憲法の元来の意図する執行権の強化は、議会権限の縮減という合理的議会主義にあらわれている。フランソワーズ・タリアーノ＝デ＝ガレは、「1958年憲法は議会のヘゲモニーを制限し、それまで存在していた政治の不安定性を解決しようとした。立法権が失った権力は、執行権が獲得した」と述べている[8]。

合理的議会主義とはもともとボリス・ミルキーヌ＝ゲツェヴィツが1919年、ドイツのワイマール憲法とともに出現した方式 modalité をさして表現したことばとされ、必要に応じて組立てられる原則や解釈される規定を体系化する議会制を意味する。そこから、極端な場合にはさまざまな理由により、本来の機能や理念までをも無視して政治家が自由に活用できることをさすとされた。この関連で、合理的議会主義は、恒常的な議会内多数派を欠いているときに政府の安定性や権限を保証することをめざす法規範全体として理解されている[9]。ピエール・アヴリルの表現によれば憲法院は、第五共和制憲法の有史以前においてはバルコニーの花形の飾り fleuron として議会を枠づける過程に位置づけられた存在であった、という[10]。

このように当初、合理的議会主義との関係で酷評されていた、あるいは過小評価されていた憲法院であったが、ド・ゴールも憲法院の憲法裁判所としての価値を認めてはいなかった。ド・ゴールは「フランスにおいては、最高裁判所は人民である」と述べている。このことばは一般的に裁判所に対するジャコバン的、ボナパルト的反感をあらわしている。その上、憲法院の機関の特徴についても、実施の条件についても、批判を招き、憲法院に対する正しい認識は広まっていかなかった[11]。また構成員の任命方法があまりにも政治的であると長い間批判されていた。9年任期の9人の評定官は3年ごとに3名ずつ大統領、上下両院議長によって任命され、そこに元共和国大統領が当然の終身の構成員

---

8) Françoise TALIANO-Des GARETS, *op. cit.*, p. 115.
9) Sous la direction d'Olivier DUHAMEL et Yves MÉNY, *op. cit.*, pp. 695-696.
10) *Ibid.*, p. 696.
11) *Ibid.*, p. 195.

として加わる。この点は今日、最も批判の対象となっている点である[12]。憲法院院長は、大統領が任命する仕組みになっている。しかしながら、任期は比較的長いが再任はされないこと、政党の幹部との兼職は禁止されていること、任命を受けた政治権力から評定官の独立は保たれていることなどを考えると、先の批判はあたらないともいえる[13]。

このような批判はあったが、憲法院は当初より選挙訴訟や義務的審査（組織法律や議院規則）については重要な役割を果した。法律の合憲性審査に関しては、議会が憲法の定める立法領域をこえないように監視するために作られた憲法院であったが、徐々に「執行権の番犬」は、憲法規定の拡大解釈により広がってきた立法権の権限を守る機関となっていった。政権交代により対立が激化した1981年及び1986年において、憲法院は機関としての論理を用いて、実体上の憲法原則の守護者となり、フランスの政治文化にふさわしい進歩をとげたのである[14]。

2008年7月の憲法改正でこれまでの事前審査に加えて、抗弁による事後的な違憲審査制が導入されたが、このアイデアはもともとミッテランが大統領であった1989年7月14日にバダンテールに諮問し、その結果1990年春に議会に提出されたものが原型である[15]。このときは国民議会では可決されたが、セナでは通らなかった。

他方で憲法院は、憲法判決の累積により法治国家の構築につとめた。憲法院は次第に世論の支持をえるようになっていく。憲法規範の解釈、自由や権利の定義や保障につとめた。そして本書の中でもふれられているように、1985年8月23日のニュー・カレドニアの判決の表現にみられるように「可決された

---

12) 憲法院の評定官の任命方法については、植野妙実子・前掲書105頁以下参照。元共和国大統領が当然の終身の構成員となることについては批判も多く、2008年7月の憲法改正の案においてはその廃止が言及されていた。
13) Sous la direction d'Olivier DUHAMEL et Yves MÉNY, *op. cit.*, p. 196.
14) *Ibid.*, p. 196.
15) Philippe BELLOR, *La question prioritaire de constitutionnalité*, Lamy, 2011, pp. 10-11.

法律は……憲法を尊重する場合にはじめて一般意思を表明する」と解されることになったのである。

なお、憲法院に対する批判は、行政法研究者からも多く示されていた。それは、行政裁判所の最高裁判所であるコンセイユ・デタこそが合法性の原則を通して公的諸自由の保障を担ってきたという自負があったからに他ならない。1980年の雑誌プーヴォワール *Pouvoirs* 13号は政権交代前の憲法院の特集であるが、憲法院に対する疑義を行政法研究者であるダニエル・ロシャックが展開している[16]。彼女は概略次のように述べる。

「1971年以降、憲法院が公的諸自由についての慎重な効果的な守護者であることはほぼ一致した見解であろう。だが私は、憲法院の判決について、解消されるべき法的不確定性や政治的曖昧性がまだあることに光をあてて、少し異なる解説を進めたい。法的不確定性とは、判決の基礎となる憲法院により援用された原則の、とらえどころのない、うまくつかめない性格をさし、論証の不安定性の中には、三段論法に則った結論よりも原則的要望に近いものが示されている。政治的曖昧性とは、大胆さと用心深さとが交互にあらわれる判例政策を続けることで照準が矛盾しているところに由来する。憲法院の主要な判決を分析すると、用心深さがしばしばまちがいを招き、公的諸自由にとって危険な法文をみのがしていることがわかる。結局、憲法院の判決の影響はまだ限定的であり、たとえ、直接に憲法院の責に帰すべきものではないとしても、自由の保護という観点からは、憲法院によって行使される統制の、実際上の効果については疑問がもたれるところである」[17]。

---

16) Danièle LOCHAK, Le Conseil constitutionnel, protecteur des libertés ?, *Pouvoirs*, n°13, 1980, pp. 35 et s. この号は1986年に第二版、1991年に第三版を出しているが、第二版にファヴォルーが1981年から1986年にかけての「政権交代の枠組の中での憲法院と大統領」を寄せており、本書第1部第2章のIがこれにあたる。

17) *Ibid.*, p. 48.

しかし今日では、憲法院の評価は高まり、もはや政治的機関だと評する者はいない。まさにファヴォルーが暗示したように「法にとらわれる政治」が行なわれるようになった。また、憲法院とコンセイユ・デタについては対立どころか、むしろ連携・協力を通して、法治国家の一層の発展を担っているといえる[18]。

2　1981年から1986年にかけての主要な判決

本書でとりあげているように、1981年から1986年にかけては重要な判決が次々と憲法院で下されている。

① 1981年1月19－20日の治安と自由に関する憲法院判決がある[19]。

治安と自由に関する1981年2月2日法は、治安の強化と人身の自由の擁護を目的として、政府によって提出され、刑法、刑事訴訟法を大幅に改める内容がもりこまれていた。憲法院判決の論点は、罪刑法定主義、刑罰の必要性、刑罰の個別化、被疑者の勾留、防禦権と弁護士の役割など多岐にわたる。憲法院は、結果的に四つの条文を違憲としたが、その中で重要なものは弁護士の懲戒及び法廷警察権についての66条一つだけだとされている。激しい批判の対象となっていた規定については、憲法院は違憲とは判断しなかった。しかし、この判決の特徴は、留保付き合憲判決の手法を憲法院が用いたことである。このことは、憲法裁判所の判決の尊重をどうはかるかの問題を惹起した。さらにこの判決は結果的に刑法上の原則の憲法規範化の問題を提示し、下級裁判所の判決への影響も大きいものとなった[20]。

---

18)　植野妙実子＝兼頭ゆみ子「憲法院とコンセイユ・デタの関係」比較法雑誌48巻1号（2014年）33頁以下参照。

19)　Décision n° 80-127 DC des 19 et 20 janvier 1981, *RJC-I*, pp. 91 et s. フランス憲法研究会編『フランスの憲法判例』信山社2002年205頁以下（佐藤修一郎担当）参照。

20)　Louis FAVOREU et Loïc PHILIP, *Les grandes décisions du Conseil constitutionnel*, 5e éd., Sirey, 1989, pp. 422 et s., voir surtout pp. 439 et s.

②　1981年6月11日のデルマス判決と呼ばれる憲法院判決がある[21]。

　新しく選ばれた大統領に国民議会の解散が宣言され、その結果、総選挙となったが、そこでの候補者から選挙人団の召集のデクレに対する訴えが申し立てられたものである。憲法院は、第1回投票の前の選挙問題については、自らに管轄（権限）があることを認め、憲法59条により憲法院に委ねられた憲法争訟の裁判所としての「任務」の精神を通した。憲法院は、このデクレを無効とはせず、ミッテランに夏のバカンス中であっても選挙人を召集する責があるとした。政治的には巧みな判決とされたが、法的にも十分な論証に基づくと評されている[22]。

③　1981年10月30-31日の自由ラジオに関する判決[23]及び1982年7月27日の視聴覚通信に関する判決[24]がある。

　自由ラジオとは放送の国家独占を無視して行なわれた非合法ラジオ放送をさす。1981年に勝利した社会党は新しい放送法制への確立に向けても旧体制を打破すべく作業を開始した。旧体制とはすなわち「フランスのラジオ・テレビは国家の独占物である」と定める1972年の放送法のことである。その結果、ミッテランの下で「視聴覚コミュニケーションは自由である」と定める新しい放送法が成立し、放送の国家独占は廃棄され、放送事業への民間からの参入の道が開かれることとなった[25]。

　憲法院においては、まず1964年に37条2項による首相からの要望でフランスのラジオ放送・テレビ放送に関する規定が命令の性格を有するかについて判断している。これに対して憲法院は、フランスのラジオ放送・テレビ放送はその基本的保障が法律から生じる公的諸自由の一つに関わることを明らかにし

---

21)　Rec. 97.
22)　Dominique TURPIN, *Mémento de la jurisprudence du Conseil constitutionnel*, Hachette, 1997, pp. 62 et s.
23)　Décision n°81-129 DC des 30 et 31 octobre 1981, *RJC-I*, pp. 100 et s.
24)　Décision n°82-141 DC du 27 janvier 1983, *RJC-I*, pp. 126 et s.
25)　フランス憲法研究会編・前掲書159頁以下（大石泰彦担当）参照。

た[26]。次にラジオ放送・テレビ放送の国家独占の憲法適合性については、合憲と判断している[27]。憲法院のこの判断は「つまずいた」と評されている[28]。

その後、立法府が地方ラジオに利するように独占への例外を認め、さらに行政許可の制度を導入して視聴覚に関する通信の自由を宣言したが、憲法院は次のような注意を促している。まずラジオ放送の独占への例外を要求する者の組織団体を作ること、営利的な目的をもたないことの義務は表現の自由に侵害をもたらすものではないとした。また「いかなる憲法的価値を有する原則も立法府が独占の例外として認められる団体に広告から生じる財源を受けたり、広告宣伝を流したりすることを禁止することに障害となるものはない」と判示している。これらは1981年の判決で確認されている[29]。

さらに憲法院は視聴覚通信に関して、その行使と、一方では、通信方式に固有の技術的制約、他方では、公共秩序維持、他者の権利の尊重、社会文化的表現の多様的性格の保護といった憲法的価値を有する目的との調整をはかりながら実際にこの自由を保障する規範を定めることは立法府に属するとした。また視聴覚通信のさまざまなサービスの、広告による資金調達を禁止したり、制限したりする規定は通信の自由に反しないと判示した。これらは1982年の判決で確認されている[30]。

④　1982年1月16日の国有化についての判決[31]及びいわゆるダブルアクションによって新たな法律の提訴による1982年2月11日の国有化についての判決がある[32]。

26）　n° 64-27L des 17 et 19 mars 1964, *RJC-II*, p. 15. 独占を侵害する者に対する制裁への判断である。
27）　Décision n° 78-96 DC du 27 juillet 1978, *RJC-I*, pp. 61-62.
28）　Bruno GENEVOIS, *La jurisprudence du Conseil constitutionnel*, STH, 1988, p. 219.
29）　Décision n° 81-129 DC, *supra*.
30）　Décision n° 82-141 DC, *supra*. この判決は「憲法的価値を有する目的」という文言を用いた点も注目される。
31）　Décision n° 81-132 DC du 16 janvier 1982, *RJC-I*, pp. 104 et s. フランス憲法判例研究会編・前掲書・189頁以下（田村理担当）参照。

右派である反対派（野党）のセナ議員、国民議会議員によって訴えられた事件であるが、この憲法院判決は政治的にも法的にもいくつかの議論を沸騰させることとなった判決である。政治的には、政府と、まだ以前の多数派により任命された構成員からなる憲法院とが、最初に正面衝突をした事件であり、国有化法の全体的な無効は政府にとっての最初の挫折をもたらし、好調な状態 état de grâce が終わることを意味したからである。いくつかの条文が違憲とされ、しかも違憲とされた条文のいくつかはこの法律全体と不可分であると判示された。後に憲法院評定官となる社会党のピエール・ジョクスをして「憲法院のたかだか 9 人の賢人が 5 月 10 日にミッテランに投票した 15,714,598 人に対し反対を表明した」といわしめた。法的には二つの重要な論点があるといわれている。一つは表面上矛盾する憲法上の原則の調整をどう考えるのか。すなわち資本や企業を国有化する義務と財産権の保護の調整の問題である。二つは、行政裁判所がこれまで用いていた統制手法である。評価の明白な過誤を憲法院も用いることについてどのように考えるのか、である[33]。

この判決を受けて、修正をした法律案が国民議会に提出され、可決された。再び反対派議員は憲法院に提訴したが、憲法院は 1982 年 2 月 11 日に合憲と判断した[34]。

なおコアビタシオンとなったシラク首相の下で今度は国営企業を民営化することとなり、この民営化をオルドナンスによって実行しようとした。これを定めた法律案が 1986 年 4 月 22 日、憲法 49 条の手続によって国民議会に提出され、5 月 16 日に可決された。これが、憲法院に今度は反対派となった左派の国民議会議員、セナ議員によって提訴されたが、一部に留保付きとはなったものの、手続、実体とも合憲とされた[35]。この合憲判決を受けて法律は 7 月 2 日

---

32) Décision n° 82-139 DC du 11 février 1982, *RJC-I*, pp. 121 et s.
33) Dominique TURPIN, *op. cit.*, pp. 66 et s.
34) Décision n° 82-139 DC, *supra*.
35) Décision n° 86-207 DC des 25 et 26 juin 1986, *RJC-I*, pp. 254 et s. フランス憲法判例研究会編・前掲書・195 頁以下（田村理担当）参照。

に公布された。この法律に基づくオルドナンス案が閣議において採択されたが、7月14日ミッテランは、これらへの署名を拒否した。そこで政府はオルドナンスにかわる法律案を議会に提出し、議会は可決したが、この法律は憲法院へ付託されなかった。なお、民営化法に関する1986年6月25-26日判決は、憲法38条1項について「(政府に対してはオルドナンスによって) 提案した措置の目的と介入する領域はいかなるものであるかを詳細に示す義務を課するものと解されなければならない」(判決理由13) とした[36]。

⑤ 1982年2月25日の分権化に関わる判決がある[37]。

ミッテランの任期の第一期において分権化改革は非常に重要なものであったが、これも反対派の国民議会議員、セナ議員の憲法院への提訴を受けた。判決は簡潔なものであったが非常に濃密なものであるといわれ、しかしながら結論に関しては曖昧といわれている[38]。いくつかの規定は「本判決の判決理由において示された範囲内で憲法に適合しない」とされた。他方で、それ以外の規定は「憲法に適合しないと宣言された規定にとってかわった17条、21条、58条にいいわたされた廃止を除いて、憲法に適合する」とされた。こうした表現が明確でないと批判された。論点は憲法72条との関係で地方機関の行為の行政統制の条件をどのようにとらえるかであった。憲法院の判決から、単一不可分の共和国の中で地方公共団体の自由行政の原則の内容と制限についての有益な教訓を導き出すことができると、評されている。なお同日に出されたコルシカ地域圏の特別地位に関する法律に対する憲法院判決[39]は立法府による画一性原則の緩和の可能性を示すものである。

⑥ 1982年7月30日の価格凍結に関する判決がある[40]。

---

36) Louis FAVOREU et Loïc PHILIP, *op. cit.*, pp. 659 et s ; surtout voir p. 668.
37) Décision n° 82-137 DC du 25 février 1982, *RJC-I*, pp. 117 et s. フランス憲法判例研究会編・前掲書330頁以下 (大津浩担当) 参照。
38) Dominique TURPIN, *op. cit.*, p. 70. Cf. Louis FAVOREU et Loïc PHILIP, *op. cit.*, pp. 504 et s.
39) Décision n° 82-138 DC du 25 février 1982, *RJC-I* pp. 119 et s.
40) Décision n° 82-143 DC du 30 juillet 1982, *RJC-I* pp. 130 et s.

左派の新しい多数派が採択した価格と所得に関する法律に対して反対派の国民議会議員が憲法院に提訴したもので、その請求理由は、すでに決定されている一時的な凍結を尊重していない企業に対して科料を設定している、しかも唯一自然人だけが刑事制裁を科せられるべきであるという刑法の原則を無視しており、規則違反の科料を設定して法律領域に入らない規定を制定するというまちがいを議会はおかした、とするものであった。憲法院は合憲と判断して請求を棄却した。法律と命令のそれぞれの領域の画定に関する判例の発展の最後を飾るものとなったと評されている[41]。

　憲法41条は、「立法過程において議員提出法律案もしくは修正案が、法律の領域に属さない、あるいは38条によって認められた委任に反する場合は、政府は不受理をもって対抗することができる」と定める。また「政府と当該議院議長の間で意見の不一致がある場合は、憲法院はいずれかの請求に基づいて8日の期間内に判断する」となっている。この手続は執行権と立法権との間の伝統的な権力分立の枠組において定められているが、実際はそれほど活用されているわけではない。政府が議会多数派の議員提出法律案や修正案を黙ってみすごしたり、当該議院議長が例外を認めたりしてきた。1981年の政権交代によって反対派となった右派が、41条ではなく61条2項を用いて政府と議会内多数派との共謀の結果、議会の権限の拡大を阻むことを目的として訴えたものである[42]。

⑦　1982年11月18日の性によるクォータ（割当て）制についての判決がある[43]。

　投票方法として小選挙区制と比例制をとる3,500人以上の市町村において設定されたクォータ制（少なくとも候補者の25%を女性とする制度）を採用する選挙

---

41)　Dominique TURPIN, *op. cit.*, p. 75. Cf. Louis FAVOREU et Loïc PHILIP, *op. cit.*, pp. 539 et s.

42)　*Ibid.*, pp. 75 et 76. なお立法過程については、植野妙実子・前掲書248頁以下参照。

43)　Décision n°82-146 DC du 18 novembre 1982, *RJC-I*, pp. 134-135. フランス憲法判例研究会編・前掲書122頁以下（武藤健一担当）参照。

法典の改正を別の規定について違憲申立てがあったことを受けて、憲法院が改正法律全体を職権でとりあげ、フランスにおける市民性 citoyenneté の観念に合致する説明ができない、として違憲とした[44]。根拠としては、主権行使と選挙について定める憲法 3 条、立法参加権を定める人権宣言 6 条があげられている。フランスでは、この憲法院判決の判断をのりこえるためにクォータ制ではなく、パリテ（男女同数）の観念を発達させ、憲法改正によりパリテ促進を憲法の中に定めた（現在は 1 条 2 項に定められている）。

⑧　1983 年 1 月 4 日の ENA（国立行政学院）へのアクセスの第三の道に関する判決がある[45]。

ENA は 1949 年にド・ゴールによって設立された高級官僚を育てる専門的な高等教育機関である。今日では多元性、多様性が重要だと考えられているが、エリート校であった ENA ではじめて、部外試験、部内試験以外の第三の入試形態で入学者を募集するもので、目的は任用母体を拡大して民主化をはかるところにあった。憲法院は、公職への平等なアクセスを 1789 年人権宣言 6 条を根拠として認め、さらにこの 6 条で表明されている能力の要求とは何であるかも明らかにした。多様性の可能性に異議が申し立てられているわけではなく、それは実際に認められているとも示した。他方で一定のカテゴリーの者のみがこの第三の道の対象となっていることについては立法府の裁量を認めている。しかしながらこの道で入学し修了した者に対し階級の決定の際に何らかの優遇措置を設けるとしている点が憲法に反すると判断した。

⑨　1984 年 1 月 30 日の大学教授の独立性に関する判決がある[46]。

高等教育に関するサヴァリ法の憲法院への提訴である。大学評議会への教員代表の選出についての規定が、教育の自由、平等原則あるいは参加の自由を侵

---

44)　Dominique TURPIN, *op. cit.*, p. 75 et s.
45)　Décision n° 82-153 DC du 14 janvier 1983, *RJC-I*, pp. 144 et s. フランス憲法判例研究会編・前掲書 110 頁以下（植野妙実子担当）参照。
46)　Décision n° 83-165 DC du 20 janvier 1984, *RJC-I*, pp. 171 et s. フランス憲法判例研究会編・前掲書 177 頁以下（成嶋隆担当）参照。

害することを提訴理由としている。憲法院は、いくつかの規定を無効としたがそのうちの若干は形式の瑕疵を理由とし、その他は実体的に伝統的な大学の自由に反するものである、とりわけ共和国の諸法律によって承認されている基本原則である教授の独立に反するとした[47]。

⑩　1984年10月10-11日の新聞事業法に関する判決がある[48]。

違憲審査の対象となった法律の名称は「新聞事業の集中を制限し、並びにその財政上の透明性及びその多元性を確保するための法律」といい、反エルサン法と呼ばれている。当時、保守系の国民議会議員であったエルサンは新聞王と呼ばれて多くの新聞を掌握していた。このような新聞の集中化に対抗して所有できる新聞事業の上限を定め、新聞事業体の情報公開や監視委員会の設置を定め、違反には刑事制裁を定めるものであった。憲法院はこれに対し、103の判決理由を述べる長い判決を下し、法律の4分の1近くを違憲とした。この判決は、報道の自由と情報への権利を明確化した非常に重要な判決といわれている。すなわち憲法院は「政治的な、一般的な情報の日刊紙における多元性の確保は……それ自体、憲法的価値をもつ目的である」と述べ、「人権宣言11条に保障されている思想や意見の自由な伝達は、実際これらの日刊紙の受け手である公衆が十分な数の、多様な傾向や性格をもった刊行物を自由にすることができなければ有効ではない」と述べた[49]。

⑪　1985年7月10日のセナに関わる組織法律についての判決がある[50]。

憲法46条は組織法律について定める。「組織法律」の起源は1848年憲法の115条に遡るとされている。この条文によれば、憲法の採択後、憲法制定国民議会が特別法によって列挙された事項について組織法律を制定する手続にかか

---

47) Dominique TURPIN, *op. cit.*, pp. 79 et s. Cf., Louis FAVOREU et Loïc PHILIP, *op. cit.*, pp. 577 et s.
48) Décision n°84-181 DC des 10 et 11octobre 1984, *RJC-I*, pp. 199 et s.
49) Dominique TURPIN, *op. cit.*, pp. 82 et s. Cf., Louis FAVOREU et Loïc PHILIP, *op. cit.*, pp. 596 et s.
50) Décision n°85-195 DC du 10 juillet 1985, *RJC-I*, pp. 232 et s.

る、と定める。1848年12月11日法により規定された条文の適用を受けて、選挙制度、コンセイユ・デタ、司法組織、地方（県と市町村）組織、教育、厳戒令についての組織法律が制定された。1958年憲法は1848年憲法の組織法律ということばを再び使用したばかりか、組織法律の概念を特別な法的カテゴリーにまで昇格させたと指摘されている[51]。憲法院は「組織法律は、憲法によって制限的に列挙された領域と対象においてしか制定することはできない」ことを明らかにしている[52]。また、通常法律は憲法によって定められた組織法律の領域を侵すことはできず、組織法律を無視することもできない。その結果、組織法律は規範の階層性の中で特別な地位にある。組織法律は憲法を尊重しなければならず、この目的において憲法院の義務的審査にかけられるが、通常法律にも課せられるものである。

　組織法律の成立は憲法46条に定められている、いくつかの特殊な条件を有するが、通常法律の成立と同様の手続をふむ。まず、組織法律は憲法院による憲法適合性の宣言のあとでなければ審署されない。また憲法46条から次の三つの特別な条件が課せられている。組織法律は政府提出案にせよ議員提出案にせよ、その提出から15日の期間満了後でなければ、先議の議院の審議の対象とされることができない（46条2項）。両議院の間で一致をみない場合は、法文は国民議会の最終読会において国民議会議員の絶対多数によってのみ採択される（46条3項）。しかしながら、セナに関する組織法律は両議院によって同一の文言で採択されなければならない（46条4項）。

　そこで「セナに関する組織法律」の意味が問われる。1985年7月に憲法院は、国民議会議員に関わる選挙法典を改正する組織法律の審査の際にこの46条4項の規定の意味、射程を明らかにした。

　セナ議員であるジロ GIROD によって、公式請求書の中で展開されたことは次のようなものである。当該組織法律のいくつかの条文は、46条4項の意味でセナに関わるものである。とりわけ1条は、県において選ばれた議員の数を

---

51)　Bruno GENEVOIS, *op. cit.*, pp. 152-153.
52)　Décision n° 87-234 DC du 7 janvier 1988, *RJC-I*, p. 323.

ひきあげるものであるが、結果的に、セナの選挙人団の数の変更をもたらし、セナと比較して、議会 Congrès における国民議会の代表性の過大評価をもたらすことになるゆえ、セナに関わるものである。しかしながら、憲法院はこうした議論を退け、セナに関わる組織法律という文言は「組織法律に留保された領域においてセナに関わる規範を提案したり、変更したり、廃止したりすることを対象とする法律規定であって、主要な意味でこのような目的をもつことなく、また同様にセナに関わる規範を提案したり、変更したり、廃止したりする効果ももつものでもない」とした。また、「組織法律がこうした性格を示していないなら、その適用が間接的にセナの状況あるいはセナの構成員の状況に影響を与えるという状況だけでは、セナに関わるとしてみなされることはできない」と判示した[53]。

⑫ 1985 年 8 月 8 日及び 23 日のニュー・カレドニアの地方議会 Congrès の選挙区画に関する判決がある[54]。

　ニュー・カレドニアの制度変更に関する法律が反対派議員から憲法院に提訴され、これに対して憲法院は 1985 年 8 月 8 日に一部違憲判決を下した。この判決は選挙区の区割の統制という点と「法律は、憲法を尊重する場合にはじめて一般意思の表明として認められる」という有名な文言を明らかにしたという点で重要な判決とされている。さらに、この判決の部分違憲を受けて修正された法律が成立したが、これも憲法院に訴えられた。いわゆるダブル・アクションといわれることが行なわれ、これに対して憲法院は 1985 年 8 月 23 日に憲法 10 条に規定されている手続の意味を明らかにしながら合憲判決を下している[55]。

　ニュー・カレドニアの地方議会はパリの政権に敵対的であったが、それまで三つの地域に分かれていたのを四つの地域圏 régions に分けた。1984 年 9 月 6

---

53) 　Bruno GENEVOIS, *op. cit.*, pp. 155-156.
54) 　Décision n°85-196 DC du 8 août 1985, *RJC-I*, pp. 234 et s ; Décision n°85-197 DC du 23 août 1985, *RJC-I*, pp. 238 et s. Louis FAVOREU et Loïc PHILIP, *op. cit.*, pp. 631 et s.
55) 　Dominique TURPIN, *op. cit.*, p. 86.

日法で地方議会に帰属していた権限の多くを、問題となった法律は地域圏に移譲することにしていた。反対派は、地域圏の分割はカルドッシュを犠牲にして独立賛成派のカナックを優遇するものだとして、ヌメア周辺の豊かな人口の多い一つの地域圏とするべきだと批判し、またこの区割が選挙の平等に関わるさまざまな条文にも反すると批判した。1985年8月8日の判決で憲法院ははじめて政治を決定する議会は「憲法3条を尊重して一つの地方 territoire の、またそこに住む住民の代表であるためには基本的に人口的基礎に基づいて選ばなければならない」とその立場を明確にし、選挙区画定に人口比例原則が要請されることを示したのである[56)]。

⑬ 1986年7月1−2日及び1986年11月18日の授権法律とオルドナンスに関する判決がある[57)]。

　はじめてのコアビタシオンになってからの、反対派となった左派の議員による憲法院への提訴によるものである。1985年、ミッテラン政権は国民議会議員の選挙制度をそれまでの小選挙区2回投票制から比例制へと変更した。しかし、1986年にコアビタシオンが成立し、ミッテラン大統領の下で首相となったシラクは、選挙制度を小選挙区2回投票制に戻そうと選挙制度改革に着手した。シラクは区割の基本原則を法律で定めた上で、選挙区割を画定する作業をオルドナンスにより政府に授権するという手法を用いた。憲法院は、7月1−2日の判決で、授権法律についての審査を明確化した。同時に、間接的ではあったが、憲法38条の枠組に基礎をおくオルドナンスについての審査のあり方も示した。厳格な留保付き合憲判決であった。それを受けて政府は選挙区画定作業を進めたが、ミッテランがそのオルドナンスへの署名を拒否した。そこでオルドナンスと同一内容の法律案を新たに議会に提出し、議会はこれを可決したのである。この法律も同様に憲法院に提訴された。その判決が11月18日判決

---

56) *Ibid.*, pp. 86-87.
57) Décision n° 86-208 DC des 1er et 2 juillet 1986, *RJC-I*, pp. 262 et s ; Décision n° 86-218 DC du 18 novembre 1986, *RJC-I*, pp. 294 et s. Louis FAVOREU et Loïc PHILIP, *op. cit.*, pp. 683 et s.

であり、憲法院は合憲としている[58]。

　第五共和制憲法は 38 条にオルドナンスについての規定をおくが、オルドナンスは 47 条で予算法律についても活用される場合がある。またかつては 92 条にも規定があった。38 条のオルドナンスは、議会による授権法律の採択後、法律の領域に執行権の行為が介入することを許すものである。1958 年から 1981 年にかけては 23 回用いられており、1981 年から 1986 年までは 5 回実施されている。コアビタシオン後、はじめての実施がここで問題となったオルドナンスである。ミッテランは 1986 年に 3 回のオルドナンスの署名の拒否をしているが、このような場合いずれも政府はオルドナンスと同一の内容の通常法律案を議会に提出している[59]。

⑭　1987 年 1 月 23 日の社会秩序のさまざまな措置に関する法律についての判決がある[60]。

　憲法院は一部違憲、一部留保付き合憲判決を出しているが、ここで問題となったのはむしろその立法手続である。その点では憲法院が一身専属的な投票権の尊重を示さなかったのは悔やまれると評されている。他方で、政府が提出する修正の概念については憲法院は明らかにした[61]。

　憲法 27 条 2 項は「議会の構成員の投票権は一身専属的である」と定めるが、3 項は「組織法律は例外的に投票権の委任を認めることができる。この場合、いかなる者も一つ以上の委任を受けることはできない」と定められている。1958 年 11 月 7 日 58-1066 号組織オルドナンスは、病気や他の一時的な任務の場合に委任による投票が認められることを定めている。また 1962 年 1 月 3 日 62-1 号組織法律はさらに「議院理事部の決定により判断されたやむをえない［不可抗力］force majeur 場合」を付加している。1961 年 12 月 22 日 61-16 号憲法院判決は、この拡大を「この原則の厳格な適用を監視することは議院理事

---

58)　Dominique TURPIN, *op. cit.*, pp. 91 et s.
59)　*Ibid.*, p. 91.
60)　Décision n° 86-225 DC du 23 janvier 1987, *RJC-I*, pp. 305 et s.
61)　Dopinique TURPIN, *op. cit.*, p. 95.

部に属する」として認めた。しかしながら「憲法が一身専属的投票の原則に例外的に委任を認めたという性格を、投票の委任という行為は失わせることになるかもしれないことを考え、議院理事部の統制のない、議員の委任の行使、共和国の地方公共団体の議員の委任の行使から生じる義務」に関わる行為は違憲である、とした[62]。憲法院は 1973 年 5 月 17 日の判決で、58-1066 号オルドナンスで規定していない限界を付した秘密投票のための投票委任を排除するセナの決議を無効としている[63]。これらと比較すると今回の判決は憲法の規定ほど厳しくなく、議院の実際の慣行により近い解釈で判断している、と評されている[64]。

3　権力分立の深化

本書で特に注目されるべきことは、憲法裁判の浸透にともなって実際に法律を成立させる立法府に対してのみならず、政府提出法律案が多いことから法律案の準備に関わる政府に対しても、憲法院の統制が及ぶことが明らかにされている点である。すなわちフランスにおける権力分立の強化が憲法院の抑止的統制によって示されていることである。

そもそも権力分立についてはとりわけ 1958 年憲法においてド・ゴールはバイユーでの演説で「立法権、執行権、司法権の公的な権力の明確な分立の必要性」は語っていたが、現実には執行権優位の体制がとられ、とりわけ大統領の行為は誰にも統制されないという本書の指摘のようなことになった。特にフランスでは権力の分立よりもそれぞれの権力自体の自律の方が重視されているという指摘もある[65]。しかしながら、大統領は別としても、憲法裁判の活性化は、結果的にド・ゴールの語った「バランスのとれた権力分立」を確立することになったのである。

---

62)　Décision n° 61-16 DC du 22 décembre 1961, *RJC-I*, p. 9.
63)　Décision n° 73-49 DC du 17 mai 1973, *RJC-I*, pp. 27-28.
64)　Dominique TURPIN, *op. cit.*, pp. 95-96.
65)　植野妙実子・前掲書 225 頁以下。

1998 年の、第五共和制憲法の 40 年の公法雑誌の特集号の第二部のタイトルは「制度の足跡」であって、そこでは「権力分立」と「法治国家」が扱われている[66]。人権保障のための違憲審査が本格化して 30 年でこれらのことばがフランスで定着した意義は大きい。またこの特集号には、ロベール・バダンテールの事後審査制を導入すべきという有名なことば「個人が、憲法的未成年者としてもはや扱われるべきでない」が記されている[67]。ちなみに事後的違憲審査制は 2008 年 7 月に憲法改正によって成立した[68]。さらにこの特集号の「法治国家」のところでは「大統領の行為の裁判による統制」も扱われており、コンセイユ・デタと憲法院による統制の展望も探られている[69]。

　いずれにしても憲法裁判の進展による権力分立と法治国家の確立は、憲法院判決の既判力によるところが大きい。「権力分立原則は立法権と執行権に裁判所の判決を認めないことを禁止することである。すなわち、既判力へのすべての侵害を禁ずることである」とする指摘がある[70]。この表現は憲法院自体にも向けられ、憲法院においては判決の一貫性と安定性が既判力への信頼をもたらすことが意識されるようになった。

　ひるがえって日本の状況をみると、議院内閣制は、権力分立の中では弱いタイプと分類されているが、議会内多数派をバックにして政府がさまざまな政策を強力におし進めようとするとき、司法権によるコントロールがうまく働かないならば、何が抑止的な効果をもたらすことができるだろうかという疑問を提示する。本書の意義はまた、裁判の中立性とは何かを考えさせるところにもある。日本ではしばしば憲法裁判の、あるいはそれを担当する裁判官の中立性が問題となるが、権力の抑止作用は一見、政治的に行なわれたかのように受けと

---

66) Les 40 ans de la Ve république, numéro spécial de *R. D. P.*, 1988.
67) *Ibid.*, p. 1333.
68) 植野妙実子・前掲書 31 頁以下。QPC の実際については次のものを参照。ベルトラン・マチュー著、植野妙実子＝兼頭ゆみ子共訳『フランスの事後的違憲審査制』日本評論社 2015 年。
69) Les 40 ans de la Ve république, *supra*, pp. 1719 et s.
70) Cf., Olivier DUHAMEL et YvesMÉNY, *op. cit.*, pp. 61 et s.

められるからである。それゆえにこそ一貫した裁判基準が要求される。憲法裁判の意義は人権保障と権力分立の確保にある。「法にとらわれる政治」の真の確立はまさに日本においても求められているといえよう。

（本解説は 2014 年度特別研究期間の成果である。）

植野　妙実子

判決番号索引

61-16DC	*179*	82-141DC	*168, 169*
62-20DC	*46, 67, 86*	82-142DC	*30*
64-27L	*169*	82-143DC	*30, 66, 102, 171*
73-49DC	*179*	82-144DC	*14*
74-54DC	*33, 34, 54, 135*	82-146DC	*14, 172*
76-71DC	*35*	82-147DC	*14, 24*
76-72DC	*96, 98*	82-153DC	*173*
78-96DC	*169*	83-162DC	*14*
78-101DC	*30*	83-165DC	*173*
79-110DC	*136*	84-181DC	*60, 85, 174*
79-111DC	*136*	85-187DC	*66*
80-127DC	*54, 85, 135, 167*	85-188DC	*53*
80-137DC	*33*	85-194DC	*58*
81-1ELEC	*12, 15*	85-195DC	*174*
81-129DC	*168, 169*	85-196DC	*49, 59, 60, 136, 176*
81-130DC	*120*	85-197DC	*49, 59, 66, 96, 120, 176*
81-132DC	*13, 18, 21, 22, 54, 136, 169*	85-198DC	*151*
81-134DC	*96, 98*	86-207DC	*97, 127, 134, 147, 170*
82-2ELEC	*15, 28, 82*	86-208DC	*88, 97, 137, 147, 177*
82-134DC	*128*	86-218DC	*135, 142, 177*
82-137DC	*13, 22, 32, 34, 48, 136, 171*	86-221DC	*149*
82-138DC	*13, 22, 34, 171*	86-225DC	*90, 122, 135, 146, 153, 178*
82-139DC	*13, 22, 170*	87-234DC	*175*

著者紹介

ルイ・ファヴォルー　Louis FAVOREU（1936年–2004年）

　パリ大学法学部で博士学位取得、博士論文タイトルは『フランス公法における裁判の拒否 *Du déni de justice en droit public français*』（LGDJ, 1962）。1966年に教授資格試験合格後、没年までエックス・マルセイユ第三大学法学部教授をつとめる。1967年に著した「公権力の規範形成活動の調整者である憲法院 Le Conseil constitutionnel, régurateur de l'activité des pouvoirs publics」（*R.D.P.,* 1967）で脚光を浴び、以後憲法院研究、憲法裁判研究の第一人者となる。1973年から78年にかけてエックス・マルセイユ第三大学法学部長、1978年から83年にかけてエックス・マルセイユ第三大学学長をつとめ、1987年から1999年にかけてはフランス憲法学会の会長もつとめた。また1997年から2002年にかけてボスニア・ヘルツェゴビナの憲法裁判所の裁判官をつとめ、2001年からは副裁判所長として活躍した。1985年に比較国際憲法裁判学会を立ち上げ、毎年円卓会議を行ない、学会報告と各国の憲法裁判の動向に関する年鑑も発行している（監訳者も1987年以降参加して報告を行なっている）。現在はグザヴィエ・フィリップ Xavier PHILIPPE がその学会を受け継いでいる。著書は多くあるが、なかでも、クセジュシリーズの『憲法裁判所 *Les Cours constitutionnelles*』（PUF, 1986）と『憲法院 *Le Conseil constitutionnel*』（共著 PUF, 1978）が有名である。またフランスで初の憲法判例集、『憲法院主要判決集 *Les grandes décisions du Conseil constitutionnel*』（共著 Sirey, 1975）を編集したことも特記すべきことである。没後10周年記念としてファヴォルー教授の論文を集めた『憲法と憲法裁判所 *La Constitution et son juge*』（Economica, 2014）が発刊されている。中央大学には、中央大学とエックス・マルセイユ第三大学との協定を結ぶことになった1979年と1985年、さらに1990年10月に行われた学術シンポジウムの際（そのときの成果は『フランスの裁判法制』（小島武司他編、中央大学出版部、1991年）にまとめられている）にも来校されている。中央大学からはその功績をたたえて、名誉博士号が贈られている。

訳者紹介

監訳者　植野 妙実子（うえの まみこ）　中央大学教授（専攻：憲法・フランス公法）
　2006年　フランス　エックス・マルセイユ第三大学にて博士（公法学）取得
　主な著書『フランスにおける憲法裁判』（中央大学出版部、2015年）
　　　　　『*Justice, Constitution et droits fondamentaux au Japon*』（LGDJ, 2010）
　　　　　『憲法二四条　今、家族のあり方を考える』（明石書店、2005年）

共訳者　兼頭 ゆみ子（かねとう ゆみこ）　中央大学兼任講師（専攻：国際法）
　2013年　中央大学にて博士（法学）取得
　主な論文「オーフス条約のEC諸機関への適用に関する考察」法学新報116巻3・4号

法にとらわれる政治
政権交代、コアビタシオン、そして憲法院

日本比較法研究所翻訳叢書（73）

2016 年 8 月 17 日　初版第 1 刷発行

監訳者　植野　妙実子
発行者　神﨑　茂治

発行所　中央大学出版部
〒192-0393
東京都八王子市東中野 742-1
電話 042（674）2351・FAX 042（674）2354
http://www.2.chuo-u.ac.jp/up/

© 2016　植野妙実子　　ISBN 978-4-8057-0374-8　　（株）千秋社

本書の無断複写は、著作権法上での例外を除き、禁じられています。
複写される場合は、その都度、当発行所の許諾を得てください。

日本比較法研究所翻訳叢書

0	杉山直治郎訳	仏 蘭 西 法 諺	B6判 (品切)
1	F. H. ローソン 小堀憲助他訳	イギリス法の合理性	A5判 1200円
2	B. N. カドーゾ 守屋善輝訳	法 の 成 長	B5判 (品切)
3	B. N. カドーゾ 守屋善輝訳	司法過程の性質	B6判 (品切)
4	B. N. カドーゾ 守屋善輝訳	法律学上の矛盾対立	B6判 700円
5	P. ヴィノグラドフ 矢田一男他訳	中世ヨーロッパにおけるローマ法	A5判 (品切)
6	R. E. メガリ 金子文六他訳	イギリスの弁護士・裁判官	A5判 1200円
7	K. ラーレンツ 神田博司他訳	行為基礎と契約の履行	A5判 (品切)
8	F. H. ローソン 小堀憲助他訳	英米法とヨーロッパ大陸法	A5判 (品切)
9	I. ジュニングス 柳沢義男他訳	イギリス地方行政法原理	A5判 (品切)
10	守屋善輝編	英 米 法 諺	B6判 3000円
11	G. ボーリー他 新井正男他訳	〔新版〕消 費 者 保 護	A5判 2800円
12	A. Z. ヤマニー 真田芳憲訳	イスラーム法と現代の諸問題	B6判 900円
13	ワインスタイン 小島武司編訳	裁判所規則制定過程の改革	A5判 1500円
14	カペレッティ編 小島武司編訳	裁判・紛争処理の比較研究(上)	A5判 2200円
15	カペレッティ 小島武司他訳	手続保障の比較法的研究	A5判 1600円
16	J. M. ホールデン 高窪利一監訳	英国流通証券法史論	A5判 4500円
17	ゴールドシュティン 渥美東洋監訳	控 え め な 裁 判 所	A5判 1200円

日本比較法研究所翻訳叢書

18	カペレッティ編 小島 武司 編訳	裁判・紛争処理の比較研究(下)	A5判 2600円
19	ドゥローブニク 他編 真田 芳憲 他訳	法社会学と比較法	A5判 3000円
20	カペレッティ編 小島・谷口 編訳	正義へのアクセスと福祉国家	A5判 4500円
21	P. アーレンス編 小島 武司 編訳	西独民事訴訟法の現在	A5判 2900円
22	D. ヘーンリッヒ編 桑田 三郎 編訳	西ドイツ比較法学の諸問題	A5判 4800円
23	P. ギレス編 小島 武司 編訳	西独訴訟制度の課題	A5判 4200円
24	M. アサド 真田 芳憲 訳	イスラームの国家と統治の原則	A5判 1942円
25	A. M. プラット 藤本・河合 訳	児童救済運動	A5判 2427円
26	M. ローゼンバーグ 小島・大村 編訳	民事司法の展望	A5判 2233円
27	B. グロスフェルト 山内 惟介 訳	国際企業法の諸相	A5判 4000円
28	H. U. エーリヒゼン 中西 又三 編訳	西ドイツにおける自治団体	A5判 (品切)
29	P. シュロッサー 小島 武司 編訳	国際民事訴訟の法理	A5判 (品切)
30	P. シュロッサー他 小島 武司 編訳	各国仲裁の法とプラクティス	A5判 1500円
31	P. シュロッサー 小島 武司 編訳	国際仲裁の法理	A5判 1400円
32	張 晋藩 真田 芳憲 監修	中国法制史(上)	A5判 (品切)
33	W. M. フライエンフェルス 田村 五郎 編訳	ドイツ現代家族法	A5判 (品切)
34	K. F. クロイツァー 山内 惟介 監修	国際私法・比較法論集	A5判 3500円
35	張 晋藩 真田 芳憲 監修	中国法制史(下)	A5判 3900円

日本比較法研究所翻訳叢書

36	G. レジエ他 山野目章夫他訳	フランス私法講演集	A5判 1500円
37	G. C. ハザード他 小島武司編訳	民事司法の国際動向	A5判 1800円
38	オトー・ザンドロック 丸山秀平編訳	国際契約法の諸問題	A5判 1400円
39	E. シャーマン 大村雅彦編訳	ADRと民事訴訟	A5判 1300円
40	ルイ・ファボルー他 植野妙実子編訳	フランス公法講演集	A5判 3000円
41	S. ウォーカー 藤本哲也監訳	民衆司法——アメリカ刑事司法の歴史	A5判 4000円
42	ウルリッヒ・フーバー他 吉田 豊・勢子訳	ドイツ不法行為法論文集	A5判 7300円
43	スティーヴン・L. ペパー 住吉 博編訳	道徳を超えたところにある法律家の役割	A5判 4000円
44	W. マイケル・リースマン他 宮野洋一他訳	国家の非公然活動と国際法	A5判 3600円
45	ハインツ・D. アスマン 丸山秀平編訳	ドイツ資本市場法の諸問題	A5判 1900円
46	デイヴィド・ルーバン 住吉 博編訳	法律家倫理と良き判断力	A5判 6000円
47	D. H. ショイイング 石川敏行監訳	ヨーロッパ法への道	A5判 3000円
48	ヴェルナー・F. エプケ 山内惟介編訳	経済統合・国際企業法・法の調整	A5判 2700円
49	トビアス・ヘルムス 野沢・遠藤訳	生物学的出自と親子法	A5判 3700円
50	ハインリッヒ・デルナー 野沢・山内編訳	ドイツ民法・国際私法論集	A5判 2300円
51	フリッツ・シュルツ 眞田芳憲・森 光訳	ローマ法の原理	A5判 (品切)
52	シュテファン・カーデルバッハ 山内惟介編訳	国際法・ヨーロッパ公法の現状と課題	A5判 1900円
53	ペーター・ギレス 小島武司編	民事司法システムの将来	A5判 2600円

日本比較法研究所翻訳叢書

54	インゴ・ゼンガー 古積・山内 編訳	ドイツ・ヨーロッパ民事法の今日的諸問題	A5判 2400円
55	ディルク・エーラース 山内・石川・工藤 編訳	ヨーロッパ・ドイツ行政法の諸問題	A5判 2500円
56	コルデュラ・シュトゥンプ 栖崎・山内 編訳	変革期ドイツ私法の基盤的枠組み	A5判 3200円
57	ルードフ・V. イエーリング 眞田・矢澤訳	法学における冗談と真面目	A5判 5400円
58	ハロルド・J. バーマン 宮島直機訳	法と革命 II	A5判 7500円
59	ロバート・J. ケリー 藤本哲也監訳	アメリカ合衆国における組織犯罪百科事典	A5判 7400円
60	ハロルド・J. バーマン 宮島直機訳	法と革命 I	A5判 8800円
61	ハンス・D. ヤラス 松原光宏編	現代ドイツ・ヨーロッパ基本権論	A5判 2500円
62	ヘルムート・ハインリッヒス他 森 勇訳	ユダヤ出自のドイツ法律家	A5判 13000円
63	ヴィンフリート・ハッセマー 堀内捷三監訳	刑罰はなぜ必要か 最終弁論	A5判 3400円
64	ウィリアム・M. サリバン他 柏木 昇他訳	アメリカの法曹教育	A5判 3600円
65	インゴ・ゼンガー 山内・鈴木 編訳	ドイツ・ヨーロッパ・国際経済法論集	A5判 2400円
66	マジード・ハッドゥーリー 眞田芳憲訳	イスラーム国際法 シャイバーニーのスィヤル	A5判 5900円
67	ルドルフ・シュトラインツ 新井 誠訳	ドイツ法秩序の欧州化	A5判 4400円
68	ソーニャ・ロートエルメル 只木 誠監訳	承諾，拒否権，共同決定	A5判 4800円
69	ペーター・ヘーベルレ 畑尻・土屋 編訳	多元主義における憲法裁判	A5判 5200円
70	マルティン・シャウアー 奥田安弘訳	中東欧地域における私法の根源と近年の変革	A5判 2400円
71	ペーター・ゴットバルト 二羽和彦 編訳	ドイツ・ヨーロッパ民事手続法の現在	A5判 2500円

日本比較法研究所翻訳叢書

72 ケネス・R.ファインバーグ　大惨事後の経済的困窮と公正な補償　A5判
　　伊藤　壽英　訳　　　　　　　　　　　　　　　　　　　　　　2600円

＊価格は本体価格です。別途消費税が必要です